Manuela Oetinger: Aura-Schutz im Alltag

Manuela Oetinger

Aura-Schutz
im Alltag

Wie man sich im täglichen Leben wirkungsvoll
vor negativen Energien schützen kann

Aquamarin Verlag

Deutsche Originalausgabe
1. Auflage 2008
© Aquamarin Verlag GmbH
Voglherd 1 • D-85567 Grafing
www.aquamarin-verlag.de

Umschlaggestaltung: Annette Wagner

ISBN 978-3-89427-476-4

Druck: Bercker • Kevelaer

INHALT

EINLEITUNG

Dieses Buch befasst sich eingehend mit dem Aura-Schutz in den verschiedenen Situationen des Alltags. Die Hintergründe für den angestrebten Schutz werden beleuchtet, um ein erweitertes Bewusstsein zu ermöglichen, welches die Grundlage für das Einströmen einer höheren Schutzkraft ist. Nur diese Kraft aus den göttlichen Ebenen kann wahren Schutz bieten, getragen von bedingungsloser Liebe und gegründet auf persönlicher Freiheit.

Die Aura selbst ist ein sehr komplexes Gebiet. Das Buch „Die Aura - Die Energiefelder des Menschen" beleuchtet eingehend die verschiedenen Aura-Schichten in ihren einzelnen Details. In diesem Buch wird die Aura in ihrer komplexen Form als Umhüllung des Körpers betrachtet, die sich zwischen einem und eineinhalb Meter um den materiellen Körper erstreckt. Innerhalb dieses Bereiches befindet sich das Ätherfeld, welches den Körper nur einige Zentimeter umgibt, die Astral-Aura, auch als Emotional-Aura bezeichnet, welche die genannte Aura-Ausdehnung umfasst, und die Mental-Aura, die den Körper eigentlich noch weiter umspannt, jedoch in der Verbindung mit der Emotional-Aura im Radius von ein bis eineinhalb Meter am dichtesten schwingt.

Manche der nachstehenden Schutz-Gebete sind in der Wir-Form gehalten, was aufgrund von Hinweisen aus der Geistigen Welt erfolgt. Sie möchte dadurch erreichen, dass in diesen Gebeten nicht das Ich im besonderen, sondern die Komplexität des geistigen Wesens angesprochen wird, welches meist aus vielen einzelnen Seelenaspekten besteht. Dadurch wird die Einheit der Individualität angedeutet, welche sich zwar auch innerhalb ihrer jetzigen Persönlichkeit, oberflächlich betrachtet, als Einheit zeigt, in Wahrheit aber aus einer Vielzahl von Bewusstseinsteilen und Seelenaspekten besteht. Somit werden alle Schwingungsfrequenzen der Seele, ob aus diesem oder aus früheren Leben, in die jetzige Einheit mit einbezogen. Damit sind bewusste sowie unbewusste Ebenen, erwachte Seelenbereiche sowie unerwachte vereint.

Durch das Wort „Schutz" könnte leicht der Eindruck entstehen, man fühle sich stets negativen Kräften ausgesetzt und befinde sich in fortwährender Sorge um das eigene Wohlergehen. Doch in der Tiefe geht es hier auch um die Wahrung der eigenen positiven Energie, um dem höheren Wohl dienen zu können. Es geht nicht nur um das persönliche Schutz- und Energiefeld, sondern auch um die Erhaltung eines erhöhten Energieniveaus in kollektiven Feldern sowie um die Wahrung des freien Willens. Je mehr der Einfluss von negativen Kräften zurückgedrängt wird, umso mehr können sich die positiven Kräfte stabilisieren.

Auch wenn sehr viele verschiedene Alltagssituationen in diesem Buch angesprochen werden, sollen hier nur Möglichkeiten und Hintergründe aufgezeigt werden, die, falls notwendig, entsprechend beachtet werden können. Sicherlich haben Sie bereits in der einen oder anderen Situation das Einwirken negativer Kräfte oder kollektiver Felder bemerkt, und dieses Buch kann Ihnen helfen, die Ursachen zu erkennen und auch vorbeugend zu handeln. Wir sind nicht allen Lebenslagen und Energiefeldern hilflos ausgeliefert, das wäre fatal und würde nur Angst schüren. So sind wir in der einen Situation bereits vollkommen geschützt und in der anderen spüren wir die fremde Energie. Mitunter kann es auch sein, dass man, je nach persönlicher Vitalität und Kraft, das eine Mal vollkommen behütet ist, während man das andere Mal die äußere Negativität spürt. Es ist wichtig, bewusst zu leben und seinen Alltag wahrzunehmen. Die Beobachtung der Gefühle und Gedanken sind von entscheidender Wichtigkeit.

Die Wissenschaft hat festgestellt, dass der Mensch täglich eine große Anzahl von Gedanken produziert, die er meist nicht bewusst wahrnimmt. Doch auch hier sind wir nicht hilflos den unterbewussten Strukturen ausgeliefert. Über die Wahrnehmung der Gefühle können wir die starken Gedanken erkennen oder innere Ängste und Unsicherheiten aufspüren. Deshalb wird das ungute Gefühl Aufschluss darüber geben, in welcher Situation der Mensch noch nicht geschützt ist oder in welcher Lage er aufgerufen ist mitzuhelfen, die allgemeinen negativen Schwingungen zu verändern oder durch neues, lichtvolles Gedankengut zu ersetzen. So bietet der Inhalt dieses Buches eine Möglichkeit, gerade in solchen Situationen Klärung und Schutz zu erreichen.

Es wird meist als unangenehm empfunden, wenn negative Gefühle notwendige Hinweise für eine Disharmonie aufzeigen, doch ist auch dies ein wichtiger Schritt auf dem Weg zur Erkenntnisgewinnung und Bewusstseinserweiterung. Aufgrund des freien Willens schreiben die Geistige Welt oder das eigene höhere Selbst die Erkenntniswege und Wahrnehmungen nicht mit Kreide an die Wand, sondern es liegt an uns, die gegebenen Hinweise zu erkennen und nach eigenem Ermessen zu handeln oder mit ihnen zu arbeiten. Die persönliche Entwicklung bleibt jeder Seele selbst überlassen.

Deshalb kann es zu einer wichtigen Aufgabe werden, sich täglich, eventuell am Abend, einige Minuten Zeit zu nehmen, um beispielsweise über den vergangenen Tag nachzudenken. Man kann sich an einen ruhigen Ort zurückziehen, sich entspannen, einige Male tief durchatmen und um den Schutz der Liebe bitten. Dann kann man die Geschehnisse des Tages noch einmal durchdenken und die eigenen Gefühle und Gedanken Revue passieren lassen. Treten Probleme oder negative Gefühle auf, kann man davon ausgehen, dass es hier etwas zu erkennen oder zu verändern gilt. Selbst leichtes Unwohlsein innerhalb einer Situation kann bereits ein Hinweis sein, dass ein Anlass vorhanden war oder eine negative Energie gewirkt hat. Schon die Erkenntnis darüber löst Verarbeitungsprozesse aus. Kann man die weiteren Hintergründe erkennen, zeigen sich auch innere Einstellungen, die vielleicht mit einer alten Prägung behaftet sind oder von fremden Energien manipuliert werden. Wenn die persönlichen Aufgaben bearbeitet worden sind, setzt sofort verstärkt der innere eigene Schutz ein – und man ist bis zu einem gewissen Grad behütet. Spürt man dennoch Negativität in einer Situation, rührt sie meist von bestehenden äußeren negativen Feldern her, denen man sich im Alltag vermutlich nicht entziehen konnte oder durch die eigene Sensitivität stärker ausgesetzt ist.

Es gibt Menschen, deren Sensitivität sehr stark ausgeprägt ist und die sich beträchtlich kürzer als etwa andere Menschen in größeren Menschenmengen aufhalten können, bevor sie sich ausgelaugt fühlen. Manchmal werden sie von der Geistigen Welt sogar eingesetzt, um mitzuhelfen, negative Schwingungen zu transformieren. Dann bleibt es nicht aus, dass diese äußeren Gegebenheiten auch klar wahrgenommen werden, denn nur über die Gefühlsebene können sie auch abgetragen werden. Auch Menschen, die therapeutisch auf feinstofflichen Ebenen arbeiten oder dafür vorbereitet werden, empfinden die negativen Felder im Alltagsgeschehen als sehr belastend. Sie können deren Wahrnehmung auch nicht abschalten, da sie ja ansonsten ihrer Arbeit die Grundlage entziehen würden. Hier kann durch das Gebet ein guter Schutz erreicht werden. Für solche Menschen ist es beispielsweise sinnvoll, während einer Veranstaltung immer wieder nach draußen zu gehen, Luft zu schnappen, kurz zu beten und einige Male tief ein- und auszuatmen. Dieses Vorgehen unterbricht bis zu einem gewissen Maß das fortwährende „Pressen" und „Drücken" negativer Energien. Man kann sich befreien, um wieder eine Weile unbeeinflusst zu bleiben.

Dieses Buch soll nicht die Angst schüren, man müsse sich dauernd vor Gefahren schützen, sondern es soll Hintergründe und Handlungsmöglichkeiten aufzeigen, die dann hilfreich anzuwenden sind, wenn in einer der Alltagssituationen bemerkt wird, dass etwas nicht in Harmonie schwingt oder negative äußere Einwirkungen auftreten. Erkenntnis, Bewusstsein und Liebe sind die stärksten Schutzkräfte. Doch selbst wenn keine Resonanz im Inneren eines Menschen mehr vorhanden ist, so bleibt es dennoch nicht aus, dass er etwa nach vielen Stunden des Einkaufens in einer hektischen Großstadt seinen natürlichen Schutzwall verliert. Dann setzt Schwäche ein, wodurch sich negative Energien anhängen können.

Man kann auch nicht durch Schlamm laufen und glauben, die Schuhe würden sauber bleiben, nur weil man den Dreck nicht sehen will. Das wäre eine Illusion und hat mit der Realität nichts zu tun. Es bleibt unbestritten, dass man sich durch eigenes positives Denken und die Arbeit an der eigenen Dunkelheit in eine höhere Schwingung versetzen kann, doch einfach nur zu denken, das Dunkle gäbe es nicht, da man es nicht berühre, fühle oder denke, entbehrt der Realität. Würde man sich nicht mehr waschen, nicht nur von eigenen Stoffwechselschlacken, sondern auch von äußeren Umweltverschmutzungen, oder seine Zähne nicht mehr putzen, in der Überzeugung, man denke nur einfach nicht mehr an Verschmutzungen, an Bakterien oder an die Essensreste, dann gäbe es sie auch nicht, so würde man das Irrige dieser Auffassung bald bemerken.

Auch die Aussage, der Mensch sei nur Liebe und Licht und das Dunkle gäbe es nicht, ist keine klare Lehre und bewirkt nur innere Abspaltungen. Sind wir nicht mit allem verbunden und in Wahrheit vereint? Dann gehört das Dunkle, das es zu wandeln gilt, auch zu uns, und die Seelen und Wesen, welche die Liebe noch nicht erkannt haben, gehören ebenfalls zu uns. Die Einheit ist das Ziel und der Weg – und nicht die Trennung.

Es ist auch zu einfach zu behaupten, man sei nur Licht und Liebe, denn dann ist man nicht bereit, die karmischen Verdichtungen wieder aufzulösen, die man *mitverursacht* hat. Man darf gewiss annehmen, dass die äußere Welt zu einem bestimmten Prozentsatz von der eigenen Individualität in früheren Leben mitverursacht worden ist. Fast jeder Mensch hat in der Vergangenheit dazu beigetragen, dass die Welt so ist, wie sie ist, auch wenn wir in diesem Leben bereits das Bewusstsein auf die Liebe ausrichten können.

Zu glauben, nur die anderen seien die „Bösen", ist sicher nicht der rechte Weg, sondern erzeugt nur Flucht und Verdrängung. Je klarer sich ein Mensch zu eventuellen alten Verursachungen bekennen kann, umso freier wird er. Dieses Bekenntnis und die innere Öffnung muss er nur mit sich und seinem Schöpfer ausmachen.

Ein Beispiel kann verdeutlichen, wie stark sich die Illusion, „man müsse gut sein", für einen Menschen auswirken kann.

Ein Mann kam in die Praxis mit starken, immer wiederkehrenden und unerklärlichen Blutdruckerhöhungen, mit allen körperlichen Auswirkungen, die sich in solchen Fällen zeigen.

Medizinisch waren alle Möglichkeiten ausgeschöpft, und man wusste sich keinen Rat mehr. Im Gespräch berichtete er von immer wiederkehrenden Träumen, in denen er sich selbst sah, wie er „schlimme Sachen" machte. Er tötete im Krieg Menschen, er schlug um sich, zerstörte Hab und Gut und sah sich selbst auch bei magischen Handlungen, die auf die Manipulation anderer Menschen ausgerichtet waren.

Da man ihn mit dem Gedanken erzogen hatte, er müsse gut sein, ansonsten ereile ihn eine große Strafe und Verurteilung und alle würden sehen, dass er ein schlechter Mensch sei, fühlte er in großem Maße ein schlechtes Gewissen in sich, was er unbedingt verbergen wollte. Er unterdrückte alle diesbezüglichen Gefühle und inneren Verarbeitungsversuche, was dann auch zu dementsprechendem inneren Druck führte. Da er zudem zu einer religiösen Gruppe gehörte, die sich sehr auf das „Gut-Sein" konzentrierte, verstärkte dies den inneren Druck noch.

Im Zuge seiner beginnenden Heilung machte er sich nach dem Gespräch bewusst, dass „Entwicklung" bedeutet, sich von Negativität zu befreien und der Liebe zuzuwenden. Dies stellt einen *Weg* dar, auf dem es notwendig ist, auch die dunkle Seite anzuerkennen und auch kennenzulernen.

Wenn sich der Mensch vom einstigen Fall aus der Liebe zurückentwickelt in die Liebe, wird er alle Erkentnniswege beschreiten müssen, damit er bewusst erfassen und erleben kann, welche lieblosen Züge sich in jedem Menschen befinden. Dann kann er in der Zukunft nicht mehr von der lieblosen Seite verführt werden, sondern bleibt klar in seiner bewussten Wahrnehmung des Weges zu Gott. Alle seine Erfahrungen haben dazu beigetragen, dass der Mensch an genau der Stelle steht und den Entwicklungsstatus einnimmt, den er sich auch erarbeitet hat.

Man kann daher gleichsam froh über die Erfahrungen sein, die man beispielsweise in der „Erforschung" der dunklen Seite der Magie erleben konnte. Niemand sollte sich schämen müssen für seine Erfahrungen, sondern sie als wertvolle Wege zum Licht betrachten. Nimmt man alle diese Wege liebevoll an, können sie als das betrachtet werden, was sie in Wahrheit sind – Erfahrungen, Bewusstwerdungen und wichtige Meilensteine auf dem Weg zu Gott. Kein Mensch sollte hier werten: Im Gegenteil, jene Menschen, die glauben, werten zu müssen, tragen mitunter die größten unverarbeiteten inneren Lasten mit sich.

Es ist bedeutsam, immer auch die kollektiven Erkenntnisprozesse zu betrachten. Im alten Atlantis wurde beispielsweise von zahllosen Seelen die schwarze Seite der Magie erlebt. Das war für viele eine einschneidende Erkenntnis, und in der Folge waren sie nie mehr angreifbar für die Verführung der Magie. Sie lernten dann im dunklen Mittelalter, dass Macht vergänglich und man abhängig ist von Menschen, denen man die Macht abziehen muss. Die übernommene Energie ist zudem immer auch von niederen Aspekten dieser Menschen behaftet. Die göttliche Energie dagegen ist stets in Ihrer Liebe gegenwärtig und versorgt den Menschen mit ihrer Kraft. Hat er seine Lektionen gelernt und ihren Sinn erkannt, wird solch ein Mensch das Machtstreben als bedeutungslos ablegen und kann sich tiefer den höheren Idealen hingeben. Ist er dann nicht einen ganz wichtigen Weg gegangen und sollte respektiert und geachtet werden? Verlangt man denn von einem Erstklässler, dass er Algebra und Geometrie beherrscht? Ist die Schule des Lebens nicht dazu da, dass sie durchlaufen wird? Damit sollen die dunklen Seiten natürlich nicht gerechtfertigt werden, es soll nur ins Bewusstsein gerückt werden, dass Lernwege notwendig sind und man froh sein kann, wenn man sie machen konnte und daraus lernen durfte.

Eine sehr liebevolle Seele hat einmal gesagt, sie sei stolz, im positiven Sinne, auf alle ihre Erfahrungen. Sie stehe zu allem Negativen, das sie getan habe, denn es habe sie zu dem gemacht, was sie heute sei, und dafür sei sie Gott, den Engeln und allen Mitmenschen sehr dankbar.

In dem erwähnten Beispiel erkannte der Mann, dass er sich dem Druck von außen, gut sein zu müssen, unterworfen und seine Entwicklungswege hinter die Verurteilung von außen zurückgestellt hatte. Eine große Welle der Befreiung erfasste ihn, und er sagte innerlich „JA" zu seinen früheren dunklen Seiten. Er war unendlich dankbar, dass er nunmehr ein tiefes Streben nach Liebe und Harmonie in sich fühlte. Er gab in der Folge dem inneren Druck nicht mehr nach und auch den äußeren Einflüssen keine Macht mehr, wodurch sich sein Bluthochdruck stabilisieren konnte. Das „Warum" des inneren Druckes rückte in sein Bewusstein, er konnte damit umgehen und die bis dahin unterbewussten Zwänge überwinden.

Es ist sehr wichtig im Leben, bewusst zu sein, nicht um der Angst willen, sondern um der Entwicklung willen. Erkenntnis macht uns frei, und der Schutz der Liebe aus der geistigen Welt behütet uns. Unter diesem Aspekt setzen die höheren Lichtkräfte sehr viel Energie ein, um dem Menschen wirklich Schutz bieten zu können, nicht für den Eigenwillen oder für den persönlichen Vorteil, sondern für die Entwicklung und Hinwendung an das höhere Sein.

Auf diesem Planeten ist der freie Wille des Menschen nach wie vor eines der obersten Gebote. Kein Lichtwesen würde sich ungefragt einmischen oder Menschen vorschreiben, was sie zu tun haben. Erkenntnis und Bewusstsein sind neben wahrer Liebe die wichtigsten Elemente des menschlichen Lebens. Doch mit den Jahrtausenden haben sich die Abschottung des Eigenwillens, der Hochmut und die Intoleranz nicht verändern wollender und starrer Wesen so verstärkt, dass man inzwischen sagen könnte, wir leben in einer Welt des verhärteten Eigenwillens. Wir befinden uns in düsteren Lebensfeldern des Eigenwillens, durch welche das Licht der Liebe immer schwerer hindurchdringen kann. Die Aura von Mutter Erde ist an manchen Orten in intensiver Dichte wahrnehmbar, von dunklen Feldern durchzogen und mit Habgier und Machtstreben düster verfärbt. Immer mehr dunkle Wesen und Energien können sich in solch einem negativen Schwingungsfeld tummeln.

Deshalb ist es so wichtig, dass sich der Mensch bewusst um den Schutz aus den höheren Lichtreichen bemüht. Sobald ein Mensch liebevoll bittet, so wird ihm „aufgetan". Jedes Sehnen und jedes Streben nach diesem Schutz öffnet sofort ein Sichtfenster, durch das die höhere Liebe zu uns strahlen kann. Dann dürfen die Lichtengel ihre schützenden Energien fließen lassen, da es der freie Wille des nach Schutz suchenden Menschen ist. Es werden dadurch die Portale geöffnet, welche die Basis des wahren SCHUTZES darstellen.

Wahrer Schutz sollte immer aus den Energien der höheren Lichtebenen aufgebaut sein. Jeder aus dem eigenen Willen aufgebaute Schutzwall ist zwar meist in guter Absicht, jedoch immer aus der Persönlichkeit heraus erschaffen worden. Dem menschlichen Verstand sind aber nur Ausschnitte des wahren Lebens mit all seinen komplexen Hintergründen einsehbar. Er kann niemals die Herz-Ebene oder die Ebenen der höheren Wahrnehmung durchdringen. So ist er immer unvollkommen und verbraucht zudem noch eigene Energie zum Aufbau seines Schutzes, die mitunter leidvoll wieder abgebaut werden muss.

Unser Planet durchläuft zurzeit einen großen energetischen Wandel, und es wirken sich eine Fülle verschiedenster Schwingungen auf ihm aus. Dies lässt sich wohl nicht vermeiden, da es zum einen die dunkelsten Verstecke der Finsternis aufdeckt und zum anderen auch dazu dienen kann, noch einmal ein großes Erkenntnispotenzial für die suchende Menschheit aufzuzeigen.

Dieses Buch kann Ihnen durch die Kraft des Gebetes einen Zugang erschließen, der es Ihnen in den derzeitigen Wirren des Lebens ermöglicht, sich in Ihren täglichen Lebenssituationen intensiver durch die höheren Welten schützen zu lassen. Es wird durch die Kraft der Worte und das Streben nach der Anbindung an diesen geistigen Schutz ein Energiefeld aufgebaut, welches fühlbar mehr Frieden schenkt, den Menschen behütet und seine Entwicklung fördert, ohne eventuell notwendige Entwicklungsschritte zu blockieren.

Möge der Schutz des Höchsten stets mit uns allen sein.

2.

DER ZEITENWANDEL

Aus alten Überlieferungen und verschiedenen Botschaften aus der geistigen Welt wurde uns mitgeteilt, dass auf diesem Planeten bereits mehrere Evolutions-Epochen stattgefunden haben. Aus jeder dieser Evolutionslinien gab es immer eine Anzahl an Seelen, die sich aus dem Rad der Wiedergeburt lösen und in die geistigen Reiche zurückkehren konnten. Die anderen Seelen, die im Eigenwillen verharrten oder noch nicht kraftvoll genug waren, die nächste Schwingungsfrequenz zu erreichen, konnten jedoch immer in der nächsten Evoulutionslinie ihre weiteren Wege beschreiten.

Auch in der heutigen Zeit stehen wir wieder am Ende einer Evolutions-Epoche. Doch dieses Mal wird etwas ganz Besonderes geschehen, da der Planet selbst in die nächst höhere Schwingungsebene überwechselt. Es wird nicht das Ende der Menschheit oder die Zerstörung der Erde die Folge sein, sondern ein Überwechseln in eine feinere Energieebene, in der die Schwingungen der Liebe deutlich intensiver strahlen. Seelen, die sich nicht in dieser Liebe befinden, ist es nicht mehr möglich, auf der neuen Erde zu inkarnieren, auf ihr zu leben oder zu wirken. Es wird somit eine gewisse Trennung der Entwicklungsebenen und Seelen eintreten, die jedoch mit großer Liebe und Fürsorge von der geistigen Welt getragen wird, auch für jene Seelen, die diesen Weg noch nicht mitgehen können.

Es steht der Menschheit etwas ganz Besonderes bevor, und in der Tiefe können es bereits sehr viele Menschen fühlen. Man weiß nicht genau, was geschehen wird, und man stellt sich vielleicht die Frage, ob dieser Schwingungswandel überhaupt einsetzen kann. Es ist noch so schwer vorstellbar. Aggression und Machtgier herrschen überall, und es scheint noch schlimmer zu werden. Wo ist da die Liebe? Viele Fragen und viele Ungewissheiten durchdringen den Menschen, und in dieser heftigen Zeit des Übergangs kann ihn nur das Vertrauen stützen. Das tiefe Wissen, dass am Ende immer die Liebe und das Gute siegt, auch wenn zurzeit die dunklen Kräfte sich noch so stark ausleben dürfen. Das alles dient einem bestimmten Ziel und geschieht auf keinen Fall deshalb, weil die geistige Welt den Menschen leiden lassen möchte. Für die Menschen, die sich so sehr nach Harmonie, Vertrauen und einem liebevollen Miteinander sehnen, wirkt die derzeitige lieblose Schwingungslage besonders bedrückend und schwierig. Doch neigt sich auch diese „Endzeit" dem Ende zu, und man wird nach dem Wandel erkennen, dass sich alles gelohnt hat und auch diese Übergangszeit notwendig war.

Gerade für diese Zeit ist das Gebet für einen verstärkten Schutz besonders wirksam, da die geistige Welt alles versucht, um die Menschen zu unterstützen, die den Weg der Liebe suchen. Auch wenn man manchmal das Gefühl hat, ganz alleine auf Gottes Erdboden zu stehen und jedes gute und liebe Gefühl vergeblich scheint, können wir ganz tief in das Gebet und in das Vertrauen gehen, um die Nähe der geistigen Welt zu spüren.

Sehr viele Menschen erleben gerade in ihrer Wahrnehmung eine intensive Veränderung. Die Fähigkeiten der geistigen Wahrnehmung entfalten sich immer mehr, was natürlich auch zur Folge hat, dass *mehr* wahrgenommen werden kann. Dann kann es sein, dass ein Mensch noch mehr Emotionen und Gedanken aus seiner Umgebung empfängt, was ihn zuerst einmal vielleicht zu überfordern scheint, bis er die notwendige Stärke und den klareren Umgang mit diesen neuen Fähigkeiten erworben hat.

Unaufhaltsam nimmt das Magnetfeld der Erde langsam ab, was auch zur Folge hat, dass sich die Kräfte der Gedanken immer schneller manifestieren und deutlicher wahrnehmbar werden. Gedanken haben keinen eigenen Willen, sie vollziehen die in sie gesetzte Aufgabe und drängen aufgrund ihrer Gesetzmäßigkeit nach Verwirklichung. Deshalb ist auch die Bewusstmachung der Gedanken und Gefühle eine wichtige Aufgabe im derzeitigen Wandel. Immer deutlicher wird auf diesem Planeten, dass wir selbst Schöpfer der Gedanken und Gefühle sind und diese auch zu verantworten haben.

Es gibt gegenwärtig verschiedene Grade der Offenlegung, welche die Kraft und Macht der Gedanken in das Bewusstsein der Öffentlichkeit rücken wollen. Das ist eine entscheidende Komponente auf dem Weg der Entwicklung, doch ergibt sich hier manchmal ein bitterer und übler Beigeschmack. So wird den Menschen vermittelt, dass sie, wenn sie nur genügend stark und intensiv bestimmte Wünsche gedanklich und emotional manifestieren, diese auch verwirklicht werden. Das ist prinzipiell zwar richtig, doch wird hier völlig außer Acht gelassen, dass das Wollen einer Persönlichkeit nicht immer dem Wollen der Seele dieses Menschen entspricht. Auch wird bei dieser Einstellung nicht zugelassen, dass karmische Verarbeitungen angenommen und verarbeitet werden sollen. Hat man beispielsweise in einem früheren Leben eine bestimmte negative Energie verursacht, muss diese neutralisiert werden. Das hat nichts mit Schuld im üblichen Sinne zu tun, es muss jedoch ein Ausgleich geschaffen werden. Will nun jemand diese Unannehmlichkeit nicht sehen und die Verpflichtung annehmen, geht er an seiner Lebensaufgabe vorbei. Vielleicht muss er für diese Pflicht sogar noch einmal inkarnieren, meist mit deutlich intensiveren Auswirkungen.

Manchmal hat eine Person auch bestimmte Schwächen, die sie übermannen würden, wenn sie beispielsweise plötzlich berühmt und erfolgreich würde. Darum wird ihre geistige Führung eine solche Möglichkeit ausschließen. Das Ego dieses Menschen möchte jedoch genau dieses Ziel erreichen. Setzt er nun den Eigenwillen ein, um berühmt und erfolgreich zu werden, geht er genau gegen die höhere Ordnung vor. Die Persönlichkeit nutzt die vermittelten Programme zur Manifestation ihrer Wünsche und Begehrlichkeiten, und anstatt ihre Tugenden zu fördern, stärkt sie ihre eigenwilligen Zielsetzungen. Durch Versprechungen wie: „Nutzen sie die Kraft der Gedanken, um reich zu werden und ihre Ziele zu verwirklichen", wird sehr stark der Eigenwille gefördert. Doch genau diese Einstellung hat den Fall aus der göttlichen Liebe verursacht. Es gilt daher, den Willen des Höchsten zu suchen und den Weg in die höhere Einheit zu fördern.

Es ist unbestritten, dass die geistige Welt für den dankbaren Menschen die Fülle wünscht und alles für ihn tun wird, was gut für ihn ist, doch für Erkenntnisprozesse oder karmischen Ausgleich müssen manchmal zuerst noch andere Wege beschritten werden. Auch ist klar und deutlich wahrnehmbar, dass ein Mensch, der mürrisch und übellaunig ist und stets das Negative erwartet, dieses auch anzieht und immer von ihm umgeben ist. In einem solchen Fall ist eine Änderung der Gedanken unbedingt erforderlich. Doch müssen auch hier mitunter erst noch alte Prägungen betrachtet werden, wie etwa Hader mit der geistigen Führung oder auch das Nicht-Verzeihen-Können von alten Verletzungen. Dann ist zuerst eine Erkenntnis notwendig, bevor man sich an die Veränderung der Gedanken machen kann. Positive Gedanken sind grundsätzlich wünschenswert, doch darf man tiefe Ursachen und die höheren Gesetzmäßigkeiten im Leben nicht vergessen.

Wenn man sich gedanklich und gefühlsmäßig auf eine Veränderung einstellt, sollte man immer bereit sein, die geistigen Gesetzmäßigkeiten zuerst zu erfüllen. Der Mensch darf sich ganz bestimmt das Schöne wünschen oder auch Vorteile für seine Person, doch sollte er immer bereit sein, einem bedürftigen Menschen den Vortritt zu lassen oder auch zu verzichten, wenn es dem Wohle seiner Seele förderlich ist. Da man als Mensch diese Unterschiede nicht immer wahrnehmen kann, sollte man diese in seinen Gebeten berücksichtigen und nicht gewaltsam und fordernd immer nur auf Teufel komm raus das Gute, Erfolg und Geld wünschen, koste es, was es wolle. Andernfalls haben Sie den Eigenwillen ganz bestimmt vor der Türe und auch dahinter.

Auch die Frequenz von Mutter Erde erhöht sich stets. Die Sonnenveränderung trägt kontinuierlich dazu bei. Durch die Frequenzerhöhung der Erde wird auch die Frequenz des menschlichen Gehirns verändert, was eine bewusstere Wahrnehmung zur Folge hat. Verblendungen brechen auf, die Barrieren, welche die Erinnerung an frühere Existenzen blockierten, nehmen ab, und auch spontane Erkenntnismomente ereignen sich immer häufiger. Der Mensch wird empfänglicher für die Wahrheit hinter der Erscheinungswelt. Dies lässt ihn auch den Einfluss von kollektiven Feldern besser wahrnehmen, und er kann sich stärker auf die persönliche Freiheit besinnen. Auch diese Ablösung und das Abnehmen der bisher aufgebauten Zwangsstrukturen lösen im Menschen oft Unruhe und zwiespältige Gefühle aus. Doch all dies dient der Freiheit des Menschen.

Gefühlsmäßig erleben wir die Veränderung unserer Welt meist auch als schwere Zeit, da die Angriffsfläche von der Außenwelt kurzzeitig wie ungeschützt erscheint. Hat man sich bislang an alten Werten orientiert, wird manchmal ein innerer Teil dieses auch als Zwangsentwöhnung empfinden und entsprechend reagieren. Wichtig ist hier, stets das tiefe Vertrauen aufzubringen und sich ganz sicher zu sein, dass man auch in dieser Zeit von der geistigen Führung, von Gott und von seinem höheren Selbst her unterstützt, getragen und geführt wird. Die Devise ist nicht, sich zu wehren, sondern mitzugehen, anzunehmen und auf die Hilfe der geistigen Welt zu vertrauen.

3.

DIE ENERGIEN IM UMBRUCH

Für alle strebenden Menschen sichtbar, befindet sich die Welt in einem großen Wandel. So mag es aus manchen Mündern tönen, die Welt stehe vor ihrem Untergang, doch in Wahrheit steht sie vor einem Wandel. Mag die Welt in ihrer bisherigen Machtstruktur vielleicht dem Untergang geweiht sein, in Wahrheit findet ein großer „Durchlichtungsprozess" statt, und jede Seele, die diesen Weg gehen kann und mag, wird von dem Licht der Liebe getragen und in das neue Zeitalter geleitet werden. Der Mensch bewegt sich in eine lichtere Zukunft, auf eine Schwingungserhöhung zu, die den göttlichen Welten viel näher ist. Die geistigen Prinzipien von männlich und weiblich einen sich im Menschen, ebenso wie das Gottesbild immer mehr als weibliche und männliche Einheit, als Gesamtheit des Allerhöchsten, betrachtet wird (auch wenn in diesem Buch das männliche Wort für Gott benutzt wird, sind wir uns dennoch stets dieser Einheit bewusst). Die Liebe wird als deutlich sichtbare Strahlkraft den Menschen durchdringen und ihn in dieser Zukunft führen und leiten. Mitunter wird von einem „Lichtkörperprozess" gesprochen, doch der Mensch bleibt immer noch stofflich. Er ist zwar viel feinstofflicher, aber dennoch körperlich, und das Licht dieses formlosen inneren Liebesleibes strahlt nach außen, in enger Verbindung mit der Liebe Gottes.

Noch existieren die Systeme, die auf Machtstreben und Habgier aufgebaut sind, doch in kürze wird alles aufgelöst werden, was sich nicht in der Energie der Liebe befindet und eins ist mit dem Willen des Schöpfers. Darunter sind die auf menschliche Macht aufgebauten Systeme, Ordnungen und Gemeinschaften sowie synthetische Materialien, Viren oder andere Krankheitserreger. Es wird sich eine neue Weltordnung durchsetzen, wie sie für uns noch kaum vorstellbar ist. Eine große Reinigungswelle wird den Planeten überfluten und wieder alles in das rechte Licht rücken. Alle Verbindungen, die nicht von der Kraft der höheren Ordnung und Liebe getragen sind, werden sich auflösen. Auch giftige und schädliche materielle Zusammensetzungen und Materieformen werden aufgelöst, da sie nicht in der höheren Ordnung bestehen können.

Das mag sich nach einer Wunschvorstellung anhören, und man könnte meinen, dass die Menschheit in ihrem jetzigen Status einen solchen Entwicklungsschritt sicherlich nicht schaffen wird, doch dies ist auch kein Akt, den die Menschheit aus sich selbst heraus bewerkstelligen muss oder kann. Es wird die Gnade einer höheren Macht sein, welche den dunklen Kräften ein Ende setzt und es jeder strebenden Seele wieder ermöglicht, wachsen zu können, ohne sich ständig fürchten zu müssen, verfolgt, verachtet oder verletzt zu werden.

Die Welt befindet sich noch in einer extrem unübersichtlichen energetischen Vermischung. So leben gegenwärtig noch zutiefst lieblose Wesen in der gleichen Ebene wie bereits durchlichtete Seelen. Das kann auf Dauer niemals gutgehen, da die dunklen Kräfte stets auf Zerstörung sinnen. Bis zu einem bestimmten Grad der Entwicklung ist es durchaus sinnvoll und notwendig, mit der Lieblosigkeit und den dunklen Kräften konfrontiert zu sein, doch ab einem gewissen Maß an Bewusstsein und Entwicklung wirkt der Kontakt mit dem zutiefst Lieblosen und Dunklen blockierend. An dieser Grenze stehen inzwischen viele Seelen. Sie fühlen, dass sie aufgrund ihrer Entwicklung eigentlich ein liebevolleres Leben führen könnten und sollten, doch die Außenwelt lässt dies noch nicht zu. Das führt zu Zweifel und Frust. Doch muss man sich bewusst machen, dass auch dieses Warten und Ausharren seinen Sinn hat, sonst würden die Lichtkräfte den Wandel bereits vollzogen haben. Es wird vielleicht auch noch auf einige Seelen gewartet, die kurz vor ihrer Erkenntnis stehen und es wert sind, dass sie den Wandel miterleben dürfen.

Gleichzeitig können noch tief versteckte Schattenseiten in der eigenen Aura durch das Vorhandensein der planetarischen Dunkelkräfte – gemäß dem Gesetz der Resonanz – an die Oberfläche geholt werden. Je mehr Licht bereits verwirklicht und gelebt wird, umso schwerer können sich noch Reste von Lieblosigkeit an die Oberfläche schieben. Erst die Resonanz mit einer starken Dunkelmacht im Äußeren drängt jene Teile in der Aura an die Oberfläche, wodurch sie ebenfalls erkannt, ins Bewusstsein gebracht und durchlichtet werden können. So dient die Präsenz der starken Dunkelheit auch den Seelen, um ihre tief versteckten alten Muster und Verdrängungen an die Oberfläche zu holen. Das ist mitunter sehr schwierig und schmerzhaft, doch ist dieses Geschehen ein wichtiger Abschnitt der persönlichen Befreiung.

Auch wenn es manchmal ein schwerer Weg ist, sollte man sich immer bewusst machen, dass die vollkommene Liebe und die geistige Führung stets mit uns sind und jeden Einsatz bringen, um das Vorwärtskommen zu erleichtern und Gefühle der Liebe und Geborgenheit zu vermitteln. Durch die Gebete in den verschiedenen Situationen des Alltags kann man sich bewusst auf diese Führung einstellen und den Schutz annehmen, den die geistige Welt für uns bereit hält.

4.

DIE DUNKLEN KRÄFTE
SUCHEN NACH HALT

Das Bewusstsein des Menschen ist die zentrale Richtschnur des Daseins. Aus diesem Grund ist es sehr wichtig, sich immer wieder vor Augen zu führen, dass die sogenannten dunklen Kräfte nur so lange dunkel sind, bis sie das Licht der Liebe erfahren haben. Dann beginnt ihre Durchlichtung und der Weg in die Liebe. Bis dahin dienen sie den dunklen Seiten und leben deren Impulse meist ohne Bewusstsein der wahren Gesetze des Daseins aus. Sie sind unbewusst, machtbesessen, voller Zorn oder Missgunst und haben die Schönheit der Liebe noch nicht erkannt. Sobald sich ein Wandel vollzieht und sie den Einflüsterungen des Eigenwillens nicht mehr erliegen, befinden sie sich ebenfalls auf dem Heimweg in das Vaterhaus der Liebe. Sie sind somit uns gleich. Und sind wir selbst nicht vielleicht genau den gleichen Weg gegangen? Waren wir nicht vielleicht selbst einmal ebenso voller Hass wie das sogenannte Böse? Gab es dann vielleicht eine Seele, von der wir Liebe empfangen haben, obwohl wir es vielleicht zu diesem Zeitpunkt gar nicht verdient hätten? War nicht vielleicht mit dem Ausspruch: „Du sollst auch deine Feinde lieben!" genau das gemeint – die zu lieben, welche die Liebe noch nicht erschaut haben? Es erscheint schwierig, den Feind zu lieben, und dennoch wird sich auch dieser sogenannte jetzige „Feind" eines Tages zur Liebe wenden. Das jetzige Geschehen aus diesem Blickwinkel zu betrachten, lässt viele Spannungen weichen. Die Widerstände nehmen ab, und man kann ruhiger und liebevoller den eigenen Weg beschreiten.

Dieses Bewusstsein sollte uns helfen, alle „feindlichen" Geschehnisse trotz ihrer Boshaftigkeit, Lieblosigkeit und Machtbesessenheit dennoch stehen zu lassen, zu akzeptieren und nicht zu verurteilen. Auch wenn man die sogenannten Feinde noch nicht lieben kann, ist das Bemühen um Erkenntnis und Akzeptanz ein wichtiger Schritt zu einem friedvollen Leben. Die dunkle Seite versucht zurzeit intensiv, den Menschen zu Kampf und Missgunst zu verführen, doch der Ausspruch: „Wer in den Krieg zieht, kommt darin um!" hat auch hier Bestand. Würde es der dunklen Seite gelingen, eine Seele dauerhaft in einen emotionalen und mentalen Krieg zu ziehen, könnte es sein, dass sie den Übergang in das Licht zu diesem Zeitpunkt verpassen würde.

Menschen, die sich noch der dunklen Seite zuwenden, auch wenn es nur noch mit Teilbereichen geschieht, ernähren sich von den Energien des Eigenwillens. Sie haben noch nicht gelernt, sich von den nie versiegenden Kräften der Liebe zu nähren und versuchen stets, ihre energetischen Defizite mit niederen Energien zu stillen. Doch die Energien des Eigenwillens, ob sie nun aus Macht, Unterdrückung, Hohn oder kurzfristigem Frohlocken angesichts niederer Siege herrühren, versiegen schnell und rufen dann nach Nachschub. Dieser Nachschub wird meist dadurch gestillt, dass die Energien von den Mitmenschen abgezogen werden. Manchmal schon dadurch, indem solche Menschen neben einem stehen, da die Gedankenformen des Energiediebstahls so stark sind, dass sie unweigerlich wirken, ohne dass derjenige, der ausgesaugt wird, mental oder emotional in Gesprächen oder durch Handlungen *absichtlich geschädigt werden soll*.

Alle diese „aus der Liebe gefallenen" Seelen, Energieformen, Elementale oder auch dämonenhaften Wesen spüren im derzeitigen Wandel auf der Erde, dass ihre Zeit, in der sie sich so maßlos laben konnten, dem Ende zugeht. Sie spüren, dass sich die Kraft der Liebe verstärkt und die Erde selbst ihre Schwingung erhöht. Die lichtvolle Kraft der positiven Gedanken nimmt zu, und das Bewusstsein in den Menschen erwacht immer mehr. Die LIEBE wird in das Leben integriert. Für die „dunkle Seite" fühlt sich das jedoch so an, als würde man einem Menschen sagen: „Du bekommst nur noch morgen etwas zu essen, dann ist Schluss!" Oder wenn man einem Süchtigen sagt: „Du bekommst nur noch einen Schuss, dann ist Schluss!" Das weckt eine Art Torschlusspanik, und es wird noch einmal intensiv versucht, seine Lebensquellen doch zu erhalten oder sogar neue zu entdecken. Jeder dunkle Zug im Menschen, der auch noch annähernd zu erfühlen ist, wird von der dunklen Seite zu aktivieren versucht, um vielleicht auf diese Art und Weise doch noch länger Nahrung zu erhalten.

Auch werden durch die Verstärkung der Lichtkräfte noch einmal alle dunklen Aspekte des Seins in jedem Menschen an die Oberfläche gehoben. „Alles muss ans Licht."
Jede Lüge, jeder Betrug, jeder lieblose Aspekt in der menschlichen Seele sowie in kollektiven Feldern oder Systemen, Firmen oder Organisationen wird an die Oberfläche der Wahrnehmung gezogen. Alles muss angeschaut und möglichst in die Liebe ausgerichtet werden. Konnten in der Vergangenheit noch mit der Kraft der Gedanken und Emotionen die Fehler, der Hass, die schlechten Absichten oder sogar kriminelle Handlungen in die hinteren Bereiche der Aura verdrängt werden, ist dies im jetzigen Prozess des Zeitenwandels nicht mehr möglich. Im Gegenteil – die Enthüllung wird beschleunigt.

Einen wichtigen Anteil am derzeitigen Wandel haben auch die Auflösungen von kollektiven Feldern. Ob dies Erziehungsmuster sind, Lebensvorstellungen von Männern und Frauen, wie diese sich zu verhalten oder wie sie zu leben haben, ob dies Staatsformen oder Rechtssysteme sind, Erziehungsvorstellungen oder der Umgang mit unseren jüngeren Geschwistern, den Tieren, alles rückt in den bewussten Wahrnehmungsbereich. Es wird durch die veränderte Schwingung in die Auflösung versetzt, und mitunter kämpfen solche Felder intensiv um ihre Existenz. Dies ist dadurch möglich, weil die Menschen, welche sie erschaffen oder über viele Jahre hinweg intensiv verteidigt und verstärkt haben, eigene Seelenfasern darin eingesetzt haben. Dadurch werden die Felder mit der Zeit eigenständig und kämpfen um ihre Daseinsberechtigung. Werden solche Felder aufgelöst, können auch die „Erschaffer" und „Erzeuger" ihre verlorenen Seelenteile wieder zurücknehmen und davon frei werden, je nach ihrer Reife und ihrem freien Willen.

Solche Veränderungen verursachen natürlich eine gewaltige kollektive Verwirbelung sowie Explosionen oder Blitzschläge im persönlichen Feld. Da dies gegenwärtig ständig im Umfeld des Menschen geschieht, ist das Bedürfnis nach Schutz auch vor „Explosionen des Nachbarn" natürlich mehr als verständlich. Die Gebete in diesem Buch sind speziell auf die verschiedenen Situationen des Alltags ausgerichtet und können das Portal öffnen für den wahrhaften Schutz aus den höheren Ebenen.

5.

LIEBE IST DER WEG

„Liebe ist der Weg" ist wohl einer der wegweisendsten Sätze, die man sich immer wieder vorsagen kann. Oder: „Das, was wir denken, das sind wir." Je nachdem mit welchen Emotionen wir unsere Aura füllen, so strahlen wir auch aus. So bleibt es nicht aus, dass wir hin und wieder mitgerissen werden und uns auch ärgern, hadern oder übellaunig sind, doch sollten diese Zustände immer schnell verarbeitet und auf die Liebe eingestellt werden, da wir sonst „vermüllen" und regelrecht innerlich „verdrecken", da üble Gedanken und Emotionen den Menschen verdunkeln und bei wiederholtem Denken und Fühlen an Stärke zunehmen. Im weiteren Verlauf werden sie selbstständig und können von sich aus, als eigenständiges Elemental, danach streben, erhalten zu werden, um ihren niederen Energiebedarf durch üble Gedanken des Menschen zu nähren. Man wird dann von seinen eigenen Gedankenformen beherrscht und manipuliert.

Die Gesetze der Resonanz wirken sehr schnell, und der Mensch zieht seiner Schwingung entsprechend auch negative Muster anderer Menschen an oder gar ganze Felder, die sich über ihn auszuleben versuchen und dadurch auch vom Menschen Energie erhalten möchten. Hier ist es wichtig, sich nicht einfach einzureden, man denke gut, habe dies und das im Sinn, sondern die entschiedene Veränderung des betreffenden eigenen Teilbereiches der Seele, welcher solch eine Ausrichtung in sich trägt und anzieht, muss bewusst angestrebt werden. Andernfalls täuscht man sich eine falsche Realität vor und kann nicht wirklich zu einem erwachten Bewusstsein kommen.

Solche aufgebauten Elementale können nur leben, wenn sie Energie über den Menschen bekommen. Sie haben selbst keinen Zugang zur Schöpferkraft und benötigen immer den Menschen. Der Mensch ist über sein Herz-Chakra – über die Kraft der Liebe – an das Christus-Bewusstsein angeschlossen. Er ist verbunden mit den Schöpferkräften, und jeder Gedanke und jede Emotion trägt in sich diese Schöpferkraft. Wird sie missbraucht, also nicht im Willen der Liebe des Schöpfers eingesetzt, sondern aus Hass und zu niederen Beweggründen erzeugt, raubt sie diese Energie und erschafft eine dunkle Seite des Daseins. Diese zieht immer Gleichgesinntes an, da sie ja überleben muss und sich auch verstärken will.

Somit wird klar, dass ein Mensch, der seine Aura beispielsweise fortwährend mit den Gefühlen von Eifersucht und Missgunst füllt, unweigerlich durch die Resonanzgesetze auch diese in verstärktem Maße anzieht. Versucht solch ein Mensch, sich dann vor unangenehmen Zugriffen seiner „Feinde" zu bewahren oder zu schützen, kann dies nicht wirklich gelingen. Er befindet sich in einem energetischen Kampf und zieht somit unweigerlich gleichgesinnte Energien an. Hier wird deutlich, dass wirklicher Schutz immer auch mit der Entwicklung des Menschen und mit seiner Hinwendung an die liebevollen Gesetze des Höchsten einhergeht.

Dazu muss der Mensch noch nicht vollkommen sein. Er kann sich sogar noch mitten in einer karmischen Verarbeitungsphase befinden, die sich vielleicht mit Neid aus alten Zeiten auseinandersetzen muss. Er wird aber dennoch beschützt, sobald er den richtigen Weg erkennt und wählt. Es geht nicht um die Verarbeitung im Sinne von Strafe, sondern um das Ziel. Das Ziel, sich der höheren Liebe zu öffnen und die eigenwilligen Prägungen aufzulösen und zu überwinden.

Zudem wird göttlicher Schutz und wahrhafte Fürsorge der Seele eine Auseinandersetzung mit genau diesen Emotionen und Verarbeitungen, sofern sie für einen Auflösungsprozess anstehen, nicht abwenden können. Das darf sie auch gar nicht, denn ein weiteres Verdrängen würde der Entwicklung der Seele schaden, und sie könnte sich nicht aus den Verhaftungen des Irdischen befreien. Ein strebender Mensch ist in seinem Inneren bereit, solche Verarbeitungen anzunehmen und wird sie durchschreiten, auch wenn es mitunter sehr schwer wird. Er wird hier die Liebe des Höchsten erkennen, welche die Freiheit und das Bewusstsein des Menschen erreichen will und nicht einfach nur ein schönes, lockeres Leben, welches am Ende ohne wahrhaften Fortschritt beendet werden müsste.

Somit drückt sich die Liebe nicht immer nur als *das Schöne* aus. Das Schöne kommt automatisch als Ergebnis der eigenen Arbeit, wenn wir bereit sind, an unseren Tugenden zu arbeiten und altes Karma aufräumen. Auch hat das Empfangen von Fülle und Liebe sehr viel mit Dankbarkeit zu tun. Oft ist der Menschen sehr stark auf die negativen Seiten des Lebens programmiert. So kann sich ein Problem so intensiv durch den Alltag ziehen, dass man mitunter die schönen Seiten des Lebens und das viele Gute vergisst. Man verliert die Dankbarkeit für die erhaltenen Geschenke des Lebens und sorgt sich, anstatt Vertrauen zu finden. Man ist übellaunig, anstatt dankbar zu sein. Dann wird es wichtig, sich der schönen Dinge seines Lebens bewusst zu werden.

Dieses Wahrnehmen des Negativen hat dennoch durchaus seine Berechtigung, denn es ermöglicht dem Menschen, an diesen

Fehlausrichtungen zu arbeiten oder die Vorgänge zu erkennen, die zu den negativen Umständen geführt haben. Dieses Warn-System ist bis in die Körperlichkeit ausgerichtet. So kann ein in der Haut steckender Stachel am unteren Fuß solch ein Unwohlsein verursachen, dass sich der ganze Mensch schlecht fühlt und immer an den Stachel im Fuß denken muss, da er schmerzt und man diesen eigentlich nur herausziehen möchte. Man kann sich bemühen, wie man will, der Körper macht einen mit den Schmerzen immer wieder auf die ungute Situation und den Fremdkörper aufmerksam. Das ist überlebensnotwendig, da es ja zu einer Infektion führen könnte und im schwersten Fall zu einer Blutvergiftung und zum Tode.

Nicht ganz so „tödlich" kann ein emotionaler Stachel oder eine innere Fehlausrichtung sein, doch die Situationen, die sie verursachen können, scheinen mitunter genauso dramatisch und nehmen die Aufmerksamkeit des ganzen Menschen ein.

Doch auch hier kann man mit einer bewussten Wahrnehmung und Verarbeitung vieles in die Liebe bringen. So lässt sich sehr viel ausrichten, ob es nun um eine lieblose innere Einstellung oder um das Auflösen von alten Energien aus früheren Leben geht.

Sehr viele Menschen stehen gegenwärtig bereits an der Schwelle der vollständigen Aufarbeitung ihres Karmas. Sie sind fast fertig mit der Auflösung und haben für ihre Altlasten eine energetische Neutralität erreicht. Sie konzentrieren sich jetzt auf die Entfaltung der höheren Tugenden. Das heißt deshalb noch lange nicht, dass dieser Mensch vollkommen ist. Im Gegenteil, es kann erst jetzt die Hinwendung zu wahrer Nächstenliebe und zu den höheren Werten einsetzen. So werden weitere Aufgaben und Arbeiten nicht ausbleiben, jedoch nicht mehr aufgrund des karmischen Gesetzes.

Dadurch kann die geistige Welt ihren Schutz vermehrt entfalten und dem Menschen ein Gefühl der Geborgenheit vermitteln und ihn immer stärker in seinem Alltag sowie in seiner geistigen Entwicklung führen.

6.

TOLERANZ UND AKZEPTANZ

Toleranz und Akzeptanz sind sehr eng mit Nächstenliebe verbunden. Sie entspringen einem erwachten Bewusstsein und ehren auch das Vorgehen der höheren Mächte, auch wenn das Verstehen für deren Wirken nur teilweise erkennbar ist. Der Mensch muss nicht immer die Hintergründe der geistigen Führung erkennen, das Streben zählt und die Hinwendung an die lichtvollen Kräfte, an Gott. Zudem geht es um Vertrauen und um das Wissen, dass der Mensch mit seiner verstandesmäßigen Wahrnehmung sehr begrenzt ist. Der Verstand kann nur wahrnehmen, ordnen und umsetzen, was er innerhalb seiner Öffnung erkennt. Ohne Herzensweisheit und die Erkenntnis der höheren Wahrheiten kann er niemals umfassend begreifen.

Toleranz ist das Ergebnis eines Erkenntnisweges, bei dem bereits begriffen wurde, wie sich die Ent-wicklung auf diesem Planeten vollzieht; dass sich manche Prozesse nur durch das Hindurchgehen bewältigen lassen und jeder Mensch das Recht hat, Fehler zu begehen. Niemand ist vollkommen. Dies schließt durchaus mit ein, über manche Begebenheiten oder verbale Angriffe auch einmal hinwegzusehen oder sich über manche Dinge einmal nicht aufzuregen. Wissen wir es denn für diesen Menschen in diesem Moment wirklich besser? Vielleicht kann der Betreffende nur dadurch lernen, dass er etwas genau so auslebt, wie er es tut.

Viele Menschen neigen sehr zum Verurteilen, wobei das Wort selbst bereits sehr viel ausdrückt: Man teilt sich von der Urkraft ab. Jedes Mal, wenn ein Mensch einen anderen verurteilt, drückt er ihn auch energetisch „nach unten" und nährt sich von der dadurch entstandenen Energie. Er verstärkt seine eigene Energie somit auf Kosten eines anderen. Diese fremde Energie ist zudem immer mit der persönlichen Energie des anderen behaftet und niemals wirklich frei. Nur der göttliche Segensstrom ist völlig rein und führt zu dauerhafter geistiger Versorgung. Das Abziehen von Fremdenergie durch Verurteilen muss immer wieder ausgeglichen werden. Auch mehren sich, wenn dieses Vorgehen häufig vorkommt, die Energiewaben und Wesen in der Aura, die durch die Energie des „Hinunterdrückens" ebenfalls entstehen. Das führt mit der Zeit natürlich rückwirkend zu einer entsprechenden Beeinflussung, und so geartete Wesen versuchen alles, um den Menschen nicht aus dieser Ausrichtung herauszulassen.

Hier ist die Bewusstwerdung außerordentlich wichtig für die Unterscheidung zwischen Verurteilen und Erkennen. Der entscheidende Unterschied liegt in der Bewertung. Daher mahnt Jesus: „Richtet nicht, auf dass ihr nicht gerichtet werdet."

Im Verurteilen bläht sich der Eigenwille auf, indem er sich als etwas Besseres fühlt als das Gegenüber. Es wird Energie abgezogen und aufgenommen, indem der Mitmensch verurteilt wird. Hier wird unübersehbar deutlich, dass der urteilende Mensch selber noch einen starken Mangel an Liebe in sich trägt. Ein Mensch, der sich von Gott geliebt fühlt, hat es nicht nötig, sich auf diese Weise Energie zu beschaffen. Die „Sättigung der Liebe" erfüllt sein Herz, und er wird vom Mitgefühl getragen. Er versucht mitunter im Gegenteil sogar, das Handeln des Gegenübers im Licht der Liebe zu sehen und Verständnis dafür aufzubringen. Das kann nur eine erfüllte Seele, die in den Schwingungen der Liebe lebt. Das reine Erkennen äußerer Missstände oder liebloser Handlungen von anderen Menschen ist gefühlsneutral. Es wird im Inneren nicht bewertet oder verurteilt, sondern nur erkannt. Das ist ein wichtiger Faktor, denn er lässt uns die äußere „Realität" besser wahrnehmen. Man kann so vorurteilslos nach Lösungen suchen oder das Erkannte einfach stehen lassen, wenn es die Situation erfordert.

Das Erkennen und Annehmen fordert nicht das völlig passive Hinnehmen jeglicher Geschehnisse, sondern bei bestimmten Prozessen sind wir durchaus aufgerufen, etwas zu tun. Doch diese innere Gefasstheit lässt das Leben einfach so fließen, wie es gerade fließen muss. Ganz besonders trifft dies in der gegenwärtigen Überganszeit zu, in der viele Dinge von den Menschen nur im Ansatz begriffen werden können. Durch das Erschaffen einer bestimmten emotionalen Gegenenergie bei bestimmten Vorkommnissen nährt man nur diese Felder und gerät schneller in einen „energetischen Krieg", als man glaubt. Dann zerren diese Felder in der Aura des Menschen, und wenn sie im derzeitigen Wandel aufgelöst werden, erzeugen sie in der Gefühlswelt der Menschen, mit denen sie verbunden sind, Gefühle von Verlust und Untergang, die alles andere als angenehm sind.

Es ist sehr wichtig zu akzeptieren, dass die Menschheit zurzeit in starkem Maß aufgerüttelt werden *muss*. Der Einzelne wird bei Bedarf hineingezogen, um zu lernen oder sich von alten Anhaftungen zu befreien. Je weniger Energie er dabei einsetzt, um sich zu wehren, umso schneller gehen die Prozesse vorüber. Das ist keine Stagnation oder gar ein masochistisches Hinnehmen jeglicher Vorkommnisse, sondern es ist das Bejahen des Erkenntnisweges. Menschen, die ihre Gefühle sorgsam beobachten, erkennen sehr bald, ob sie in einer Situation aufgerufen sind, selbst aktiv einzugreifen oder ob es sich um einen kollektiven oder persönlichen Erkenntnisprozess handelt.

Wenn der Eigenwille in das Transformationsgeschehen eingreift und den Prozess selbst oder gar den anderen Menschen verändern will, kann sich hier sehr schnell eine intensive energetische Verknüpfung ergeben. Da diese aus dem eigenen Willen der Person erfolgt ist, können die „Schutz-Engel" nicht einfach wieder alles Unheil ausgleichen. Sie müssen mit Unbehagen den eingeschlagenen Weg ihres Schützlings akzeptieren, bis dieser den Schaden erkennt und wieder umkehrt. Dann erst dürfen sie wieder ihre schützenden Energien aussenden und den Menschen stärken und behüten, vor allem dann, wenn er sich im Gebet, also in der Hingabe, an sie oder an Gott gewandt hat.

Das Urteilen und negative Bewerten sind die größten Widersacher dieses Prozesses. Ur-teilt der Mensch, spaltet er sich automatisch von den Ur-Energien ab und verliert schnell den natürlichen Aura-Schutz. Jemand, der dauernd andere Menschen mit seinen Bewertungen überhäuft und die Aura dieses Menschen vermüllt und zuschüttet, kann nicht erwarten, dass seine Aura geschlossen und geschützt bleibt, wenn er selber die Risse verursacht und andere Menschen richtet. Dann strömt diese Energie des *Richtens* wieder zu ihm zurück und sorgt für einen negativen Einfluss. Sofort ist der energetische Kontakt hergestellt, und eine innere Verbindung steht. Dann ist der Betreffende sogar mit den Problemen seines Gegenübers behaftet, auch wenn er, karmisch gesehen, gar nichts mehr damit zu tun hat.

Deshalb ist es wichtig, um wirklich geschützt zu sein, immer auch an sich selber zu arbeiten und den Neigungen eventueller Teilbereiche seines Wesens nicht nachzugeben. Es geht um eine aktive Verwandlung und Ausrichtung des Lebens auf die höheren Werte.

7

ABBAU
ALTER MAGISCHER SCHUTZMAUERN

Ein Schutz-Zauber war in früheren Kulturen nichts Außergewöhnliches. Auch das Christentum und die anderen Weltreligionen kennen den Wert des *Schutzes*. Es wurden höhere Mächte angerufen, um für den Bittenden oder auch dessen Familie den gewünschten Schutz zu erwirken. Wurde er in aufrichtiger Bitte an die lichtvollen Ebenen oder an Gott gerichtet, können sich keine negativen Bindungen ergeben. Doch nicht selten wurden in Wahrheit Schutz-Zauber heraufbeschworen oder aus Eigenwillen dichte Schutzmauern errichtet. Daraus ergaben sich im weiteren Verlauf fast immer Probleme, denn jedes im eigenen Willen errichtete „Bauwerk" aus emotionaler oder mentaler Energie muss irgendwann abgebaut werden. Aufgrund der energetischen Gesetzmäßigkeiten wird sich durch ein solches Vorgehen in der Folge über kurz oder lang eine Blockierung ergeben.

Jedes System unterliegt in unserer Ebene einem Stoffwechsel. Es werden Energien aufgenommen und auch wieder ausgeschieden. Das geschieht auf der Zellebene genauso wie beim Menschen als Ganzheit. Versorgungsmaterial muss hinein und die Schlacken wieder hinaus. Was sich beim Menschen ergibt, wenn er seine Schlacken nicht wieder aus dem Körper hinausbringt oder keine neuen Nährstoffe über die Nahrung wieder aufgenommen werden, vermag sich jeder vorzustellen. Der Mensch verhungert oder erstickt in seinem eigenen Unrat. Genau so geschieht es auch im energetischen Bereich. Wichtige Energien nähren beispielsweise die Ätherbereiche, aber die dadurch entstandenen Stoffe müssen wieder abgeführt werden. So, wie im Körper bestimmte Zellen oder im Darm bestimmte Bakterien die Abfallstoffe auf der materiellen Ebene entsorgen, stehen auch auf der energetischen Ebene die entsprechenden „Entsorger" bereit.

Nicht selten zeigt sich auch jetzt noch, dass mit konzentrierter Energie regelrechte „Festungen" aufgebaut werden, die den Menschen schützen sollen. Doch dadurch wird leider die eigene Vergiftung eingeleitet. Deshalb ist mit eigenwilligen und eigensinnigen Schutz-Gebilden nicht zu spaßen. Sie können die geistige Entwicklung stark behindern. Nur der Schutz, der sich aus der Hinwendung an die höheren Kräfte ergibt, ist wahrhafter Schutz. Dieser Schutz lässt positive Energien in das System hinein, lässt aber auch Schlackenstoffe wieder entweichen, und zwar genau so, wie es sein soll und für System das Beste ist. Die genauen Hintergründe, wie stark die feinstofflichen Poren offen bleiben müssen oder wie ausgeprägt der Schutz sein soll, kann ein Mensch nicht kennen. Errichtet er etwa einen Schutz mit einer gedachten „Mauer aus Goldbarren", geschöpft aus eigenwilliger Energie, kann dies sehr schnell zu heftigen Unannehmlichkeiten führen.

Auch können notwendige Verarbeitungen oder Aktivierungen von Emotionen, die der Mensch im Moment für seine Entwicklung benötigt, sich nur dann ereignen, wenn der Betreffende dies auch zulässt. Will sich der Mensch nur schützen und absichern, behindert er vermutlich die an ihn gestellten Aufgaben und verliert seinen Weg.

Der höhere Schutz durch die geistige Welt wird auch innerhalb einer Verarbeitungssituation niemals mehr negative Energie hindurchlassen, als dafür notwendig ist. Die Bereitschaft des Menschen muss allerdings vorhanden sein, um diese Aufgaben auch anzunehmen und sich nicht vor ihnen zu sperren.

Das folgende Beispiel zeigt deutlich, dass ein „Schutz-Zauber" oder ein eigenwilliger Eingriff, ohne die Erkenntnis der wahren Hintergründe, fatal sein kann. Es ist außerordentlich wichtig, dass jeder energetisch arbeitende Mensch sich bewusst machen muss, wie wichtig manche Geschehnisse sind, so dass sie nicht einfach „beseitigt" werden dürfen, nur weil ein Patient oder Klient dies wünscht oder als vorteilhaft ansieht.

Es kam eine Frau in die Praxis, die mit den für sie deutlich wahrnehmbaren negativen Einflüssen in ihrem Haus und bei ihren Kindern einfach nicht mehr zurecht kam. Ihre ältere Tochter war schwer krank, bettlägerig und körperlich schwach, dennoch gab es mit dem jüngeren Bruder ständig Streit. Dies waren keine kleinen Streitereien, sondern heftige, auch handgreifliche Auseinandersetzungen. Diese Frau hatte das Gefühl, kaum mehr Luft zu bekommen und wusste keinen Ausweg mehr.

Nach einer kurzen Betrachtung des Hauses zeigte sich deutlich, dass dieses von oben bis unten vollständig mit negativer Energie erfüllt war und die höheren Kräfte kaum mehr Zugang in den Wohnbereich fanden.

Die Mutter war auf ihrer Suche nach Besserung einige Wochen zuvor bei einer „Heilerin" gewesen, der sie ihre Situation geschildert hatte. Diese Frau hatte die innere Wahrnehmung, dass innerhalb des Hauses ein Zugang in die niederen Astralschichten geöffnet worden war, den sie „Höllenschlund" nannte. Sie glaubte, diesen sofort verschließen zu müssen. Die Wahrnehmung dieser Öffnung war durchaus korrekt, doch ging sie gezielt gegen diese Öffnung vor und verschloss sie magisch (eigenwillig). Ebenso errichtete sie um das Haus einen massiven energetischen Schutzwall. Es war erstaunlich, wie gut ihr das gelang. Vermutlich wurde es auch zugelassen, damit die Personen in unserem Beispiel das Wirken solcher Kräfte deutlich erleben konnten. Die Wahrnehmung der „Heilerin" war richtig, und einen „Schutz-Zauber" konnte sie auch aufbauen. Doch was geschah dann?

Das kranke Mädchen der besorgten Mutter hatte von ihrer geistigen Führung die Aufgabe erhalten, in die niederen astralen Bereiche eine Öffnung zu schaffen, damit ihr jüngerer Bruder aus diesen Ebenen noch seine restlichen Energien abziehen konnte, um sie in die Liebe zu bringen und damit von den unteren Ebenen befreit zu werden. Dieser Aufarbeitungsprozess hatte den jüngeren Bruder sehr aufgewühlt, was ihn dazu veranlasste, gegen die Schwester vorzugehen, da er emotional nicht anders damit umzugehen wusste. Sein Inneres konnte noch nicht erkennen, dass sie ihm nur helfen wollte, indem sie ihm diese negativen Energien zur Verarbeitung zukommen ließ. Oberflächlich betrachtet, wirkte dieses Vorgehen natürlich destruktiv.

Da die „Heilerin" diese Öffnung nun verschlossen hatte, konnte das Mädchen ihre Aufgabe nicht erfüllen, dem Bruder die Restteile zu übergeben. Der Zugang in die niederen Ebenen hätte sich danach mit Hilfe der geistigen Welt von ganz alleine geschlossen. Doch dies war nun nicht mehr möglich. Auch wurde jeglicher gesunde Austausch und der energetische Ausgang zur Außenwelt durch den Schutzwall der „Heilerin" ebenfalls verschlossen, was dazu führte, dass die energetischen Schlacken vollständig im Haus zurückbehalten werden mussten. Das führte natürlich zu einer extremen Blockade. Die Hilfe war gut gemeint gewesen;

sie wurde erfolgreich ausgeführt – war aber dennoch total kontraproduktiv!

Dieses Beispiel zeigt in großer Deutlichkeit, dass der Mensch nicht aus dem Eigenwillen handeln sollte. Nur die Verbindung mit der Geistigen Welt kann wahrhafte Ordnung und auch wahrhaften Schutz bringen, selbst wenn kurzzeitig noch Schwierigkeiten auftauchen oder der Prozess im Ganzen noch nicht vollständig verstanden wird. Das Gebet und das Übergeben der Situation ermöglichen es den Engeln, wirklich zu helfen, alles von Grund auf zu klären und danach alle Beteiligten zu schützen. Am Ende, wenn alles in der Liebe schwingt, bedarf es gar keines Schutzes mehr, denn es ist die Liebe selbst, die dann schützt.

Ein weiteres Beispiel macht deutlich, dass nicht eigenwillig ein Schutz aufgebaut oder Probleme *beseitigt* werden sollten.

Ein Mann, der seit seiner Jugend an sehr starken Magenbeschwerden gelitten hatte, berichtete, dass er vor einigen Jahren zu einem Heiler gegangen sei. Dieser Heiler hatte es tatsächlich geschafft, ihn von seinen Magenschmerzen zu befreien, weshalb er von diesem Mann hoch gelobt wurde. Mitunter hatte er zwar einen Anflug der alten Schmerzen, aber im Großen und Ganzen war er sehr zufrieden.

Plötzlich begannen jedoch von einem Tag auf den anderen die Schmerzen wieder. Der Mann war inzwischen fast dreißig Jahre älter, stand mitten im Leben und konnte sich die Schmerzen nach seiner Aussage eigentlich „überhaupt nicht leisten". Er fand es seltsam, da der Heiler ihm doch die Schmerzen genommen hatte. Was hatte das zu bedeuten? Nach so vielen Jahren war alles wieder da – und noch dazu stärker als zuvor!

Hier zeigte sich deutlich, dass der damalige Heiler mit seiner mentalen Kraft die Problematik, welche die Magenschmerzen bei diesem Mann hervorgerufen hatte, tief in eine hintere Aura-Schicht geschoben und die energetischen Zugänge in das Verarbeitungsfeld des Mannes verödet und verstellt hatte. In der Aura konnte man die dunkle Masse wahrnehmen, die sich nun wieder in die vordere Aura drängte, und gleichzeitig auch den bis zu diesem Zeitpunkt wirkenden Blockade-Impuls des Heilers, welcher nun ebenfalls aufgelöst werden musste. Jetzt gab es also zwei Felder aufzulösen, sein eigenes und das des Heilers. Auch die energetische Verbindung zwischen dem Heiler und seinem einstigen Patienten war deutlich sichtbar. Was war geschehen?

Der Heiler war inzwischen verstorben und konnte nach seinem Tod das von ihm erschaffene Abdrängungsfeld in der Aura des Mannes nicht mehr mit seinen Energien speisen. Es brach teilweise zusammen und floss nun mit der verdrängten „Masse" in das vordere Aura-Feld des Mannes. Somit musste der Mann sich seinem alten Feld stellen und gleichzeitig noch die Reste der Energien seines damaligen Heilers auflösen. Das ganze Geschehen zeigt deutlich, wie machtvoll der Eigenwille eingreifen kann. Zwar geschah es auch hier in guter Absicht, aber dennoch nicht im Einklang mit der göttlichen Ordnung. Hätte der Mann seine alte Karma-Verarbeitung in der Jugend angenommen, wäre sie bereits vorbei, doch nun gab es für ihn *zwei* Felder aufzulösen. Auch der Heiler hatte sich nicht der höheren Führung untergeordnet, sondern wollte selber heilen. Er wollte erfolgreich sein, was ihm ja auch eine Zeit lang gelungen war. Hier wird deutlich, dass der Satz: „Wer heilt, hat recht" in dieser Betrachtung nicht stimmen kann. Es sollte besser heißen: „Nur wer im Einklang mit den Göttlichen Gesetzen heilt, kann wirkliche Heilung einleiten."

AUFLÖSUNGSGEBET

Dieses Gebet hilft ihnen, noch unbewusste und/oder uralte magische Schutzaufbauten, die nicht in der höheren Ordnung schwingen, aufzulösen.

Höchste Schöpferkraft,

aus tiefster Seele bitten wir Dich um die Kraft Deiner Ordnung.
Bitte befreie uns von allen magischen Aufbauten, die sich außerhalb Deiner Energie befinden.
Bitte löse alle alten Schutzwäalle auf, ob sie für uns oder für andere aufgebaut wurden.

Wir bitten Dich um den reinen Fluss Deiner Energien, damit wir unsere Aufgaben erfüllen und ohne Hemmnisse Deiner Liebe dienen können.

Bitte löse alle alten magischen Anhaftungen und Verbindungen, denen wir uns im Laufe unserer Leben hingegeben haben, auf, und erfülle uns mit der Kraft Deines Friedens und Deines wahrhaften Schutzes.

Demütig legen wir unser Sein in Deine Hände und bitten Dich um Deine Ordnung und Deine Führung.
Im tiefen Vertrauen wissen wir, dass Du stets mit uns bist.

Wir danken Dir von Herzen.

8.

ELEMENTARE GESETZMÄSSIGKEITEN

Im Rahmen dieses Buches verstehen wir hier unter „Gesetzmäßigkeiten" die natürlichen Gesetze des Lebens, wie sie von der Natur und der höheren Ordnung für diese Welt erschaffen wurden.

Das Beispiel der Diffussion macht einen Aspekt dieser Gesetzmäßigkeit deutlich. Diese findet auch im Körper statt und lässt den Sauerstoff oder benötigte Nährstoffe über die Zelloberfläche in das Nachbargewebe überwechseln, um dort den Bedarf zu decken. Dieser Vorgang findet automatisch statt, es wird hierfür kein weiterer Reiz mehr gegeben. Der Bedarf ist ausreichend für das Geschehen.

Ebenso ist es auch mit bestimmten Lebensenergien des Menschen. In früheren Zeiten war es beispielsweise alltäglich, dass am Abend das aufgedrehte Kind auf den Schoß der Großeltern kletterte. Das Kind konnte die überschüssige Energie abgeben und wurde ruhiger, die Oma oder der Opa übernahmen diese Energie als Lebenskraft und konnten so ihren defizitären Energiehaushalt, bedingt durch den alternden Körper, wieder auffüllen. So vollzog sich ein natürlicher Wechsel von Energien, welcher in diesem Beispiel beiden Seiten guttat.

Wenn also ein energievoller Mensch in Kontakt mit einem energieärmeren kommt, was auch bei einer schweren Krankheit

47

geschehen kann, wird ihm automatisch Energie entzogen und dem Bedürftigen zugeführt.

Verliert ein energiereicher Mensch Energie an einen energieärmeren, wird ihm diese sehr oft schnell wieder von der geistigen Führung zurückgeführt. Menschen, die im Altersheim arbeiten, erhalten mitunter eine außergewöhnliche Energiezufuhr, da die Hilfe aus Nächstenliebe geschieht und der Abzug nicht böswillig erfolgt.

Ein solcher Energieabzug geschieht leider auch dann, wenn ein mit höherer Energie geladener Mensch einen Raum betritt, in dem sich Menschen befinden, die sich stark auf den Eigenwillen ausrichten. Da diese ihren Energiebedarf durch andere Menschen decken und nicht aus den höheren Ebenen, ziehen sie sofort Energie von ihm ab, da der Eigenwille beträchtlich niedriger schwingt. Der Eigenwille ist hart und lässt keine Berührung zu. Daher kann man zutreffend sagen: „Die ziehen einen ganz schön herunter!"

Ein Aspekt des gegenwärtigen Energiewandels auf der Erde besteht darin, dass die Kraft der Gedanken und aufgebauten Elementale sich sehr offenkundig zeigen kann. So beginnt eine von einem einzelnen Menschen erschaffene düstere Energieform, die etwa auf Unterdrückung, Demütigung oder Machtgier aufgebaut ist, schnell einen Einfluss auf seine Mitmenschen zu nehmen. Da alles „ans Licht" muss und sich zeigen kann, ist leider auch in diesen Fällen eine Verstärkung wahrzunehmen. Dies betrifft dann besonders sensible Menschen oder Personen, deren eigene feinstoffliche Wahrnehmung sich gerade erhöht. Daher ist es überaus wichtig, sich auf die Kraft und den Schutz des Gebetes einzustimmen, damit man schnell wieder aus den Schwingungen dieser Machtstrukturen befreit wird. Bei Energie-Verlusten aufgrund des Wirkens solcher eigenwilliger, niedriger Einflüsse, stehen uns glücklicherweise die Kräfte des Gebetes zur Verfügung, mit denen die höheren Lichtwesen aufgerufen werden können. Diese vermögen es dadurch, wirksam ihren Schutz auszuüben.

Doch auch diese Geschehnisse gehören zu einem Prinzip der Ordnung, indem so eine zwar meist ungute, aber höchst wichtige Form der Ablösung von alten Strukturen stattfinden kann. Dazu kommt eine bewusstere Hinwendung an höhere Werte.

Innerhalb eines solchen „Wachrüttelgeschens" ist es äußerst wichtig, zwischen „Ursache" und „Verursacher" zu unterscheiden. Dies ist in der abendlichen Rückschau oder durch Wachheit des Menschen in seinem Alltag möglich.

Die bewusstere Wahrnehmung wird zurzeit verstärkt und von hohen geistigen Kräften gefördert. Immer öfter erkennt man nach einer Situation, dass man eigentlich die richtige Lösung oder das richtige Vorgehen wahrgenommen hat, jedoch nicht entsprechend reagiert oder die inneren Erkenntnisse umgesetzt hat. Manchmal lässt sich hier eine regelrechte Symptomen-Palette erkennen.

○ Manche Menschen spüren in ihrer Magengegend, wenn etwas nicht stimmt.
○ Andere wiederum haben das Gefühl, als würde das Herz im Akkord schlagen und der Atem schwer werden. Hier ist meist nicht das körperliche Herz, sondern das Herz-Chakra aktiv, welches bei der Verarbeitung von negativen Energien heftig reagiert und sich schneller dreht. Das fühlt sich dann so an, als ereigneten sich zusätzliche Herzschläge.
○ Auch ein stechender Kopfschmerz, meist nur auf einer Seite, der zeigt, dass etwas nicht in Ordnung ist oder negative Energien anwesend sind, tritt häufig auf.

O Einigen Menschen stellen sich die Haare zu Berge, entweder am Arm oder auch an einer Schädelseite.

O Anderen wiederum läuft plötzlich die Nase oder sie müssen niesen, da ihr System über die Schleimhäute die negative Energie auszuscheiden versucht.

O Auch der ständige Drang, auf die Toilette zu müssen, zeigt mitunter an, dass es etwas zu erkennen gilt.

Es können sich die verschiedensten Symptome ergeben, die alle das Erkennen und Annehmen zum Ziel haben. Es geht um den Lernprozess, welcher den Menschen intensiver mit der Geistigen Welt verbindet. Glauben Sie an sich und Ihre innere Führung. Die Lichtwesen werden es Ihnen danken und froh sein, wieder einen neuen „Mitarbeiter" in ihren Reihen begrüßen zu können.

Ein weiterer wichtiger Aspekt der energetischen Umwandlung ist die beginnende Erhöhung der Schwingungsfrequenz der Erde. Diese Erhöhung der Frequenzen erfolgt aufgrund des Einströmens der Christus-Energie. Die Erde wird durchflutet mit dieser Liebesenergie, und gleichzeitig verändert sich die Schwingung der menschlichen Hirnströme, die von einem schlafähnlichen Zustand hin zur Wachheit des Geistes wechselt. Es ist stets das gleiche Prinzip erkennbar: Die niedere Frequenz sucht sich der höheren anzugleichen. Das menschliche Gehirn versucht, sich an die einströmende höhere Schwingung anzupassen. Die gleichzeitige Veränderung der Hirnströme und der Erdfrequenz verursacht mitunter körperliche Anpassungsschwierigkeiten, die sich in Form von Schlaflosigkeit, Unruhe oder Verwirrung zeigen können.

In allen diesen Fällen kann man durch Meditation, durch Gebet und die bewusste Annahme dieser Veränderung viel erreichen. Der Abbau eventueller unterbewusster Widerstände kann eingeleitet und die Anpassung beschleunigt werden. In den nachfolgenden Kapiteln werden viele verschiedene Alltagssituationen behandelt, in denen es um Schutz und Transformation geht.

Eine weitere wichtige Veränderung betrifft die Körperstruktur des Menschen. Wenn man glaubt, die materielle Manifestation der Körper geschehe ausschließlich durch das Wirken und den Informationspool des genetischen Materials, so ist das nur ein Teil der Wahrheit. Je nach Frequenz beziehen die Gene ihre Informationen aus einer geistigen Ebene, in der die genauen Pläne der materiellen Entfaltung enthalten sind. Entsprechend der Frequenz*höhe* werden bestimmte Ebenen erreicht und die entsprechenden Gene aktiviert, nach denen dann der „Bauplan" ausgeführt wird. So kann eine Pflanze von, wenn man so sagen will, „niederer" Natur allein dadurch „erhöht" werden, indem man sie einer höheren Frequenzstrahlung aussetzt, welche dann einen materiellen Bauplan freisetzt, der mehr Gene aktiviert als zuvor.

So wird sich auch die Veränderung im menschlichen Bauplan ereignen. Durch die höhere Schwingung wird mehr genetisches Material aktiviert, welches zu einer stärkeren Bewusstwerdung und einem feineren Körper verhilft. Auch wenn die Wissenschaft das scheinbar unbenützte genetische Material mitunter als „Genmüll" bezeichnet, ist es dennoch von höchster Wichtigkeit für die kommende Transformation.

Das Genmaterial ist auch in den Astral- und Mentalwelten existent und geistig verbunden mit einem höheren Schöpfungsstrahl. Durch all diese Ebenen hindurch wirkt das genetische Material des großen Schöpfungsplanes. Wie oben so unten! Wie in der materiellen Schöpfung, so auch in der feinstofflichen – bis alles einst in den reinen Geist übergehen kann und sich im Geist jegliche Form auflösen wird.

Was wäre das für eine verschwenderische Schöpfung, wenn sie genetisches Material als bedeutungslosen „Müll" herumliegen ließe. Zu dieser Fehldeutung kommt es nur, weil man das Wirken der geistigen Gesetze noch nicht kennt. Eine ähnliche Ignoranz zeigt sich, wenn Menschen zwar einräumen, dass auf anderen Planeten Leben existieren könnte, aber natürlich nur unterlegenes: Bakterien oder Farne vielleicht, aber doch nicht intelligenteres Leben als auf der Erde!

Bereits jetzt beginnen die Veränderungen im genetischen Material, und sie werden sich noch verstärken, wenn der Einstrom der Lichtenergien sich im weiteren Verlauf des Geschehens immer weiter erhöht. Dann wird auch ein beträchtlich höherer Prozentsatz des Gehirns und des genetischen Materials genutzt als die bisherigen rund zehn Prozent. In jedem Fall wird sich das Wahrnehmungsvermögen erhöhen und der Körper über eine bessere Gesundheit und mehr Vitalität verfügen. Die Informationsquelle der menschlichen Gene entspricht dann einer höheren Ebene und wird von dieser gespeist.

9

IST VOLLKOMMENER SCHUTZ MÖGLICH?

Wie im vorherigen Kapitel dargelegt, kann sich ein Energieabzug auch dadurch ergeben, dass man einem bedürftigen Menschen etwas von seiner Energie abgibt. Dies kann zwar für kurze Zeit schwächen und nicht sehr angenehm für den Geber sein, doch wurde dies von seiner geistigen Führung zugelassen und von seinem hohen Selbst genehmigt. Dazu darf sich dieser Mensch jedoch nicht in einem gleichsam „vollkommenen Schutz" befinden, denn dann wäre die Energieübertragung nicht mehr möglich. Aus diesem Grund sollte man sich einmal mit der Definition von *Schutz* auseinandersetzen.

Wenn man Schutz dahingehend definiert, dass man stets nur von positiven Energien umgeben sein, einem nie etwas Unangenehmes widerfahren oder das Glück stets hold sein soll, kann man vermutlich mit Sicherheit sagen: Vollkommener Schutz ist nicht möglich! Solch ein Schutz ist auch nicht erstrebenswert, denn er ist ein Scheinschutz! Zudem hat dies mit dem wahren geistigen Weg nichts zu tun.

Ähnlich unrealistisch zeigen sich auch einseitige Aussagen wie: „Wir sind Licht! Wir sind Liebe!" Es wird von Menschen, die so reden, nicht mehr auf der Erde *gelebt* und bewusst *gearbeitet*, sondern nur noch „*gewandelt*". Es wird nur Liebe *versprüht* und die innere Verwandlungsaufgabe nicht mehr beachtet. Kann das der Weg sein? Mit Sicherheit sind wir ein Teil Gottes, werden von Ihm geliebt, haben großes geistiges Potenzial und sind auch Licht und Liebe. Doch was sollten wir hier auf der Erde, wenn es nicht noch etwas zu lernen gäbe oder alte Belastungen abzubauen wären? Haben unsere geistigen Führer einen Fehler gemacht? Können wir annehmen, wir seien besser als „die Anderen"? Sind wir versehentlich an der Milchstraße falsch abgebogen und auf der Erde gestrandet? Haben nur „die bösen Anderen" auf der Erde etwas zu tun, wir jedoch nicht? Hier wirkt eine spirituelle Überheblichkeit, die zu schweren geistigen Unordnungen führen kann.

Wird jedoch Schutz dahingehend definiert, dass alles Geschehen aus einer höheren Ordnung geschieht und nichts stattfindet, was sich nicht im Einklang mit dem Willen des Schöpfers befindet, dann ist *dieser* Schutz durchaus zu erlangen. Dazu gehören Hingabe, das Akzeptieren mancher Geschehnisse und eine tiefe Liebe zu Gott, zu seinem Nächsten und zu sich selbst. Das ist der wahre geistige Weg, der stets behütet wird von den höchsten Lichtkräften. In diesem Fall kann der Mensch sehr wohl vor den ihn umgebenden negativen Kräften behütet werden.

Die Schutz-Energie für Menschen, die sich wahrhaft auf den höheren Weg begeben haben, wird immer stärker. Leider nimmt ebenso das Wirken der lieblosen Kräfte zu, und es fällt mitunter schwer, sich innerhalb dieser dunklen Schwingungsfelder aufzuhalten, da sie unweigerlich in das eigene System einwirken wollen. Es erschöpft viele Menschen zurzeit, da sie fühlen, dass diese Schwingungen mit ihrem Streben und Wünschen nichts zu tun haben.

Doch auch hier heißt es anzunehmen und fließen zu lassen, Vertrauen zu haben und sich innig mit den höheren Ebenen zu verbinden. „Am Ende der Zeiten sollt Ihr stets mit mir verbunden sein!" Diese Botschaft hat uns Jesus vor zweitausend Jahren hinterlassen. Und nun beginnt sie, sich zu verwirklichen. Ohne seine Hilfe und Liebe können wir nicht wirklich reifen und weiterkommen, können wir seine Liebe nicht fühlen und den Übergang in das neue Zeitalter schaffen.

Die Führung und der Schutz der geistigen Welt ist dem Menschen im gegenwärtigen Wandlungsprozess sehr, sehr nahe. Jegliches Bemühen um diese Nähe und jeder wirkliche Wunsch nach Schutz und Führung wird sofort erhört. Ganze Heerscharen von Lichtwesen und helfenden Seelen stehen bereit, um dem Menschen in dieser Zeit liebevoll zur Seite zu stehen. Die Liebe, die uns hier zufließt, ist wahrhaft wunderbar und voller Licht. Dankbar darf sich der Mensch dieser Hilfe öffnen. Möge sie alle Wesen erreichen.

10.

AURA-SCHUTZ
UND LICHTVOLLE AUSSTRAHLUNG

In den Medien hören wir immer wieder, dass das Aggressionspotenzial und die Gewalt, ob an Schulen oder auf der Straße,
stetig zunimmt. Häufig prallen Menschen aufeinander, die
gleichartige Aggressionen aufweisen. Doch nicht selten werden
Menschen von Randalierern angegriffen, die als „leichte Beute"
angesehen werden. Dies sind oft angstvolle Menschen, die ge-
beugt gehen und schwach wirken. Dies löst bei Randalierern,
die selbst nicht über sehr viel wirkliche Kraft verfügen, den
Gedanken aus, zu glauben, hier leichtes Spiel zu haben. Einen
stark wirkenden Menschen würden sie gar nicht angreifen, da sie
selbst Angst vor dem Stärkeren haben.

Was hat dies nun mit lichtvoller Ausstrahlung zu tun?

Ein Mensch, der bereit ist, seinen Aufgaben nachzukommen
und an sich zu arbeiten, fühlt in seiner Tiefe, dass er in Harmonie mit dem Schöpferwillen und seiner eigenen höheren Seele schwingt. Dies gibt ihm Kraft. Seine Ausstrahlung verstärkt
sich.

Ist er bereit und offen, seine Altlasten anzunehmen und sperrt
sich nicht, kann er sicher sein, dass er in Harmonie mit dem Plan
seiner Seele schwingt und kann dies auch in seinem Inneren fühlen. Es ist wichtig zu erkennen, dass der Mensch es wert ist, von

der geistigen Führung getragen und geliebt zu werden. Dies gibt ihm Kraft. Seine Ausstrahlung verstärkt sich.

Hört er auf, über andere zu lästern oder schlecht über sie zu sprechen, setzt starke Nächstenliebe ein. Die Arbeit an sich selbst verleiht ihm innere Ordnung. Dies gibt ihm Kraft. Seine Ausstrahlung verstärkt sich.

Mit jeder Läuterung, durch die der Mensch hindurchgegangen ist, fließt das Licht der Liebe stärker. Seine Ausstrahlung verstärkt sich.

Ebenso wie ein von geistiger Führung überzeugter Mensch nach außen sicher und kraftvoll wirkt, so zeigt er sich auch im energetischen Bereich. Schwache Energiefelder weichen und wagen keinen Angriff, da sie die höhere Kraft fühlen und wissen, dass sie unterlegen sind. Ein liebevoller Mensch ist aufgrund seiner reinen Aura um vieles besser geschützt als ein egoistischer.

Dieser Schutz wird allerdings auf dem Entwicklungsweg mitunter stark strapaziert, wenn sich ein Mensch innerhalb eines heftigen Verarbeitungsprozesses befindet oder sich lange Zeit in stark negativer Umgebung aufhalten musste. Sobald die negativen Wesenheiten spüren, dass Schwäche einsetzt, hängen sie sich in jeder Aura fest und versuchen, den Energiemangel auszunutzen. Dann fragt sich das „Opfer" sehr schnell, ob sich denn nun alles, was negativ ist, gegen ihn verschworen habe.

Während der Aufarbeitungen von Karma und der Neustrukturierung von Energiebahnen öffnen sich für negative Kräfte kurzzeitig die Pforten. Um ein Haus richtig reinigen zu können, es zu lüften und Unrat und Sperrmüll nach außen zu bringen, müssen nun einmal die Türen und Fenster geöffnet werden. Genauso ist es mit den Energiefeldern des materiellen und der feinstofflichen Körper. Ist ein „Fenster" gerade geöffnet, um Sperrmüll nach außen zu bringen, kann beispielsweise sehr schnell eine Schnake eindringen, die nach einem schmerzhaften Einstich das Blut absaugt.

Doch auch hier kann der Gebets-Schutz sehr viel abfangen und schnell wieder Ordnung in das „Haus" bringen. Dann wird die Reinigung von den Lichtwesen übernommen, die wahrhaft reinigen können. Ihre Liebe dringt tief in den Menschen ein und wird alles ordnen und sortieren, in Harmonie mit dem Willen des Schöpfers. Nichts kann geschehen, was sich nicht im Einklang mit der Liebe des Höchsten befindet.

11.

AURA-SCHUTZ BEI GEBET UND MEDITATION

Es mag sich im ersten Moment seltsam anhören, dass man bei Gebet und Meditation mitunter des Schutzes bedarf, doch ist man gerade in diesen Momenten energetisch sehr weit offen. So berichten häufig Menschen, dass sie voller Liebe in einer Gebetsgruppe gebetet hatten und sich dennoch danach wie ausgelaugt fühlten. Auch nach Gruppenmeditationen nehmen Teilnehmer manchmal seltsame Stimmungen in sich wahr, die sie als sehr befremdend empfinden. Damit soll in keinem Fall die Arbeit in Gruppenmeditationen oder Gebetskreisen geschmälert werden. In gemeinsamer tiefer Liebe kann sich eine wunderschöne Energie aufbauen. Doch da sich sehr viele Menschen in persönlichen Verarbeitungsprozessen befinden, ist ein entsprechender Schutz und die Bitte um geistige Führung sehr sinnvoll. Energiefelder und Gedankenformen haben ihre ganz eigenen Gesetze, doch wenn man das weiß, kann man mit der Liebe und dem Schutz lichtvoller Helfer die negativen Wirkungen minimieren.

Nicht jeder Betende in der Gruppe oder jeder Meditierende ist reinen Herzens oder immer frei von persönlichen Karma-Verarbeitungen oder gar von Wesen, die gerne ihr „Einzugsgebiet" vergrößern. Auch können sich in jeder Gruppe Neider befinden oder Menschen, die so voller Hader und Unfrieden sind, dass sie entsprechende Energien und Wesen mit sich herumtragen.

Ein irischer Segenswunsch lautet:

„Der Herr sei hinter Dir, um Dich zu beschützen vor der Heimtücke böser Menschen."

Auch in den eigenen vier Wänden können sich von einem selbst oder von Familienmitgliedern Verarbeitungsenergien aufhalten, die im Falle einer energetischen Öffnung einzudringen versuchen.

Es können sich in der Aura eines Betenden oder Meditierenden Verarbeitungsenergien oder fremde Anhaftungen befinden, die es ihm nur schwer erlauben, in die Schwingung des Gebetes zu gelangen oder in die Ruhe der Meditation. Das kann mitunter sogar eine Art Schutz des Menschen sein, da der Körper selbst spürt, dass er überlagert oder von fremden Energien besetzt wird, wenn er sich in die Entspannung begibt oder sich intensiv auf die Meditation einschwingt, ohne sich mit klarem Bewusstsein auf den Schutz aus den höheren Ebenen einzustellen. Geht er unvorbereitet in die Entspannung, kann schnell eine Überlagerung erfolgen, und fremde Energien drücken in sein System.

Während eines Gebetes können sich sehr schöne Schwingungen aufbauen, und das Einströmen höherer Energien durchlichtet den Menschen. Er ist in diesem Moment sehr glücklich und dankbar. Werden diese Minuten der Andacht beendet, schwingt sich der Betende sozusagen wieder in die Alltagsenergie zurück oder sein Energiefeld passt sich dem der Gruppe an. Durch die energetische Öffnung kann dann genau in diesen Momenten mitunter Fremdes anhaften oder eindringen, da die Rückkehr in die normale Schwingung manchmal wie eine Art Schock empfunden wird.

Manchmal hängen sich auch im äußeren Aura-Rand bestimmte Energien fest, die erst mit der Zeit eindringen können, und man ist sich dann nach Tagen gar nicht mehr bewusst, woher diese Energien stammen.

Bei Gebet und Meditation ist es sicher sinnvoll, sich grundsätzlich in die Lichtströme des höheren Schutzes einzuschwingen, um zu vermeiden, dass fremde Energien eindringen können. In den Situationen des Alltags kann man sich führen lassen, ob man mit ihnen noch etwas zu tun hat oder nicht; doch bei der intensiven Öffnung während des Gebetes oder der Meditation sollte man sich möglichst immer schützen.

Glücklicherweise berücksichtigen bereits viele Gruppen diese Erkenntnisse über Energiefelder und Gedankenformen.[1]

Diese Schutz-Praxis ist nicht das Ergebnis von Ängsten oder Sorgen, weil man überall negative Energien vermutet, es ist das wache Wahrnehmen und Bewusstwerden der gegenwärtigen Realität einerseits und das Wissen um die schützende Liebe aus der geistigen Welt andererseits. Es geht also nicht um Angst vor Negativität, sondern um den Schutz für sich selbst und seine Lieben. Die LIEBE selbst wird uns stets schützen, wenn wir uns ihr öffnen und die Geistige Welt um Hilfe bitten. Das folgende Gebet kann dafür verwandt werden.

---

1 Auch auf meiner CD „Aura-Schutz" wird diese Schutzwirkung als wichtiger Bestandteil behandelt. Siehe Seite 201

SCHUTZ-GEBET

Höchste Schutzkraft,
vollkommene Liebe,

aus tiefster Seele bitte ich Dich um Deinen Schutz und Deinen
Segen.
Bitte erfülle mich mit der Kraft Deiner Liebe, damit sich
mein Wesen frei und lichtvoll immer stärker Deiner Weisheit
nähern kann.

Bitte reinige mich und erhöhe meine Seele, damit ich voller
Demut der höheren Wahrheit dienen kann.
Von Herzen bitte ich Dich um den Schutz meiner Aura, damit
alle Gefahren abgewendet werden und Fremdes weichen muss.

In tiefer Liebe fühle ich Deine Nähe, spüre Deinen Schutz und
weiß, dass Du stets mit mir bist.
Dankbar erlebe ich den Lichtstrahl Deiner Liebe und lasse
mich von ihm tragen und schützen.
Mögen alle Menschen Deinen Schutz und Deine Liebe
erfahren können.

Die folgenden Worte sind kurz und bündig und können auch bei
Zeitmangel angewendet werden.

Vollendete Schöpferkraft,

bitte behüte meine Aura und meine Seele.
Lasse Deine Liebe meinen Schutzwall sein.
Von Herzen danke ich Dir.

12

AURA-SCHUTZ FÜR DIE WOHNUNG ODER DAS HAUS

Nicht nur Neider aus der Nachbarschaft vermögen die Atmosphäre eines Hauses zu stören, es können sich auch sonstige negative Energien festgesetzt haben, die manchmal von alten unerlösten Feldern aus dem Umfeld stammen. Dies müssen nicht immer karmische Felder des Ortes sein, auf dem das Haus erbaut wurde, etwa alte Kult-Felder oder alte unverarbeitete Erfahrungen, welche Menschen an diesem Ort vor langer Zeit erlebt haben, es können auch neue Belastungen sein, die aus umliegenden Fabriken oder anderen negativen Energiequellen gespeist werden und immer wieder Haus oder Wohnung beeinflussen.

Selbst der Streit der Nachbarn kann negative emotionale Wellen verursachen, die tief in das aurische Feld der eigenen Wohnung eindringen können. Vielleicht haben sich bei Ihnen auch schon einmal die Haare zu Berge gestellt oder es überfiel Sie ein Frösteln, als sie einen bösen Streit mitanhören mussten.

Kontinuierliche negative Gedanken in einem Hausteil können sich zu einem massiven energetischen Gebilde formen, welches zahlreiche Nachbarn zu belasten vermag. Es geht nicht darum, immer nur das Schlechte zu sehen, denn Streit gibt es immer wieder einmal, und er kann sogar reinigend wirken, doch leider haben viele Menschen in ihren Wohnungen und Häusern immer wieder mit erheblich schwerwiegenderen negativen Energien

zu tun, die nicht von ihnen selbst verursacht wurden. Schlacht-
häuser oder Chemiefabriken können beispielsweise machtvolle
Schwingungsfelder verursachen, die das Energiefeld vieler Menschen schwächen können. Doch auch hier kann ein waches Bewusstsein und der liebevolle Umgang mit diesen Schwingungen
dem Menschen helfen, diese Energien zu klären oder zumindest
zu neutralisieren.

Viele Menschen sind sich nicht bewusst, dass nach jeder energetischen Verarbeitung im umgebenden feinstofflichen Bereich
Restenergie vorhanden ist, die es abzubauen gilt. „Wo gehobelt
wird, fällen Späne!" Das trifft auch auf energetische Prozesse zu.
Dann knackt es mitunter im Haus, und laute Geräusche werden
gehört, die auf die Verarbeitung dieser „Restenergien" zurück-
zuführen sind. Je mehr energetische Arbeit geleistet wird, umso
mehr kann es in einem Haus knacken und arbeiten. Das muss
nicht immer nur davon herrühren, dass therapeutisch gearbeitet
wird, denn bereits jede persönliche Verarbeitung oder der Umgang mit energetischen Feldern erschafft im Feinstofflichen Turbulenzen. Diese gilt es wieder abzubauen.

Manchmal bringt der Mensch auch von seiner Arbeitsstelle so
viel unverarbeitete Energie mit nach Hause, dass man das Gefühl
hat, der ganze Wohnbereich sei davon angefüllt. Kommt dann
noch persönliche Erschöpfung dazu, sinkt der ansonsten lichtvolle Energiepegel im Wohnbereich auf dunklere Ebenen ab.

Schwierig ist es mitunter, wenn Menschen zu Besuch waren,
die gerade eine große Belastung tragen oder schwere Prozesse
durchleben müssen. Diese Menschen haben keine bösen Absichten, dennoch ziehen sie das Energiefeld nach unten. Viel unangenehmer wird es, wenn Menschen zu Besuch waren, die voller
Neid oder Eifersucht sind. Sie werden oft nur aus Pflichtgefühl

eingeladen, und die Besuchszeit wird nicht mit wirklicher Freude und Nächstenliebe erlebt, sondern mit den unangenehmen Gefühlen von Ablehnung und Widerständen. Dann bleiben die negativen Gefühle des Besuches zurück und manchmal sogar die Ablehnung der Zurückgebliebenen, die sehr heftige Gedankenformen aufgebaut haben kann. Man sollte nie die eigene Kraft unterschätzen. Manchmal hat man mehr mit den eigenen Gefühlen des Widerstandes und des Unmutes zu tun als mit den Energieresten, die ein Besuch hinterlassen hat. Doch dies alles lässt sich ergründen und verändern.

Das folgende Gebet kann den Wohnbereich schützen und reinigen. Es kann in bestimmten Zeitabständen immer wieder gesprochen werden, damit sich erst gar keine größeren Belastungen aufbauen oder noch nicht konkret fühlbare Blockierungen bereits in ihrer Entstehungsphase aufgelöst werden können.

Es ist hilfreich, wenn Sie sich bei diesem Gebet ungefähr in der Mitte ihres Wohnbereiches befinden, damit die reinigenden Wellen und der Segen sich in alle Richtungen von Ihrem Platz aus gleichmäßig verströmen können. Die Liebe und die Ordnungskraft kann dann in Wellen ihren gesamten Wohnbereich erfüllen und negative Energien auflösen.

Wenn Sie möchten, können Sie symbolisch besonders die Kräfte der Elemente ansprechen, indem sie für alle vier Elemente ein Symbol verwenden: Wasser in einer kleinen Schüssel, Feuer durch eine Kerze, Luft durch ein Räucherstäbchen oder durch wohlriechende Duftstoffe und Erde entweder mit Erde selbst oder auch mit Nüssen (noch in der Schale) beziehungsweise mit Kornähren oder Steinen, wie sie auf der Erdoberfläche vorkommen. Dies kann auch in Ihnen selbst eine heilige Atmosphäre schaffen, die es den Engeln erleichtert, sich schneller zu nähern.

Ein wunderschöner alter Segenswunsch besagt:
„Der Frieden von Feuer, Erde, Wasser und Luft sei mit Dir.
Möge die wiederkehrende Sonne alle Deine Hoffnungen neu beleben, Dich schützen und führen auf Deinem Weg zu Gott."

Das folgende Gebet kann für die Reinigung gesprochen beziehungsweise gedacht werden.

REINIGUNGSGEBET

Höchste Schutzkraft und vollendete Liebe,

aus tiefstem Herzen bitten wir Dich um Deinen Segen und
Deinen Schutz für dieses Haus/diese Wohnung.
Bitte erfülle unsere Herzen mit Deiner Liebe, damit alles
Dunkle weichen kann.
Bitte durchdringe alle Ebenen und Schichten unseres
Wohnbereiches, damit alles Negative in Deine Liebe
verwandelt wird und alles Fremde weichen muss – im Namen
der Christuskraft.

Wir bitten die Urkräfte der vier Elemente, die Erde, das
Feuer, das Wasser und die Luft, in Ihrer Fülle und Heilkraft
diesen Ort zu durchdringen und zu reinigen, zu klären und zu
schützen.
Dankbar nehmen wir diese Hilfe an und lassen unsere Liebe
auch zu Ihnen fließen.

Wir bitten die höchsten Engel, uns mit Ihrer Anwesenheit und
Ihrer Liebe zu ehren und zu segnen. Möge Ihr Schutz und Ihre
Liebe stets der Rückhalt dieses Hauses sein.
Voller Zuneigung fühlen wir den Strom Ihrer Liebe und
spüren, wie sich die Energie erhöht und von ihrem Segen
getragen wird.

Dankbar übergeben wir Ihnen unsere Herzen.

13.

AURA-SCHUTZ FÜR DIE FAMILIE

Für Eltern ist sicherlich der Schutz ihrer Kinder eines der dringlichsten Bedürfnisse. Wer möchte nicht, dass sein Kind, in welchem Alter auch immer, in der Schule und im Beruf vor den negativen Aspekten des Lebens beschützt bleibt.

Wir sollten nicht versuchen, unsere Kinder vor den Ereignissen im Leben, welche die geistige Welt als Lernaufgabe vorgesehen hat oder durch welche die Seele eines Kindes Erfahrungen sammeln kann, zu bewahren. Es kann sogar sein, wenn Kinder überbehütet werden, dass sie kleinere Hinweise und ungute Geschehnisse zwar als Kind nicht erleben müssen, aber im Erwachsenenalter diese Erfahrungen dann in doppelter bis dreifacher Stärke durchleben müssen. Dies kann sich als sehr unangenehm erweisen. Mitunter reagieren solche überbehüteten Seelen in einer Art und Weise, die ihnen nicht zuträglich ist, da sie nicht gelernt haben, mit den unangenehmen Dingen des Lebens umzugehen. Deshalb ist es besser, die notwendigen Geschehnisse anzunehmen und den jungen Menschen dabei behilflich zu sein, damit sie gestärkt und liebevoll auf das Leben vorbereitet werden.

Vor vielen negativen Schwingungen oder Einflüssen sowie vor bestimmten dunklen Energien und Überlagerungen können wir unsere Kinder jedoch über das Gebet, durch höhere Kräfte, bewahren. Dann kann zwar geschehen, was geschehen muss, doch das Kind ist behütet vor Gefahren, die es nicht bestehen muss und die nur der Negativität der Mitmenschen entspringen.

Das folgende Gebet ist speziell für die Kinder:

KINDER-SCHUTZGEBET

Höchste Schutzkraft,

mit allen Fasern unserer Seele bitten wir die Lichtengel, ihre Schwingen schützend über unsere Kinder zu legen.
Bitte bewahre sie vor allen Gefahren, die ihnen nicht zuträglich sind, und durchdringe sie mit dem Licht Deiner Liebe.
Gib ihnen Stärke, wenn sie wachsen sollen, und schenke ihnen Weisheit, wo sie erkennen müssen.
Bitte führe und schütze unser Kind/unsere Kinder auf all seinen/ihren Wegen, damit die Kraft Deiner Nähe alles Negative wandelt und alles Fremde fernhält in der Weisheit Deiner Ordnung und im Licht der Christuskraft.

Aus tiefstem Herzen bitten wir Dich, alle Kinder dieser Welt die Erhabenheit Deiner Nähe spüren zu lassen.
Schenke Du ihnen Kraft und Liebe, damit sie reifen und ein liebevolles Miteinander leben können.

Aus tiefstem Herzen danken wir Dir für Deinen Schutz und Deine Liebe.

Mitunter gehen die Meinungen und Vorstellungen innerhalb einer Familie stark auseinander, und manche Frau steht mit dem Wunsch nach einem Gebet und einer spirituellen Suche alleine da. Ihr Partner will von diesen Dingen nichts wissen. Vielleicht findet er sie sogar veraltet oder verblendet oder möchte von jeglichem „Aberglauben" nichts hören.

Wie auch immer sich die Einstellungen zeigen, es ist auch hier vonnöten, sie zu akzeptieren. Nicht selten lebt in solchen Fällen in den Tiefen des Unterbewusstseins eine alte Erinnerung, die sich an ein früheres Leben, etwa während der Inquisition, erinnert. Dann lautet die alte Speicherung etwa so: Sobald man sich mit spirituellen Themen beschäftigt oder für den Glauben, den man selbst für richtig hält, einsteht, wird man von der Obrigkeit getötet – man selbst oder die ganze Familie. Dann steigt eine existenzielle Angst im Menschen auf, die er erst nach intensivem Hinschauen und schmerzhafter Verarbeitung überwinden kann. Vielleicht hat ein Partner zuerst einmal Angst, in diese alte Gefühlswelt einzutauchen, oder er glaubt, einfach keine Zeit zu haben, da die weltlichen Anforderungen im Berufsleben seine Kräfte vollständig aufbrauchen. Gleichgültig ob dieser Hintergrund maßgeblich oder eine sonstige geistige Sperre der Grund ist, der freie Wille hat auch hier Priorität. Die geistige Führung wird zur gegebenen Zeit eventuell notwendige Maßnahmen einleiten, damit solche Blockaden angeschaut und überwunden werden können.

Für viele Menschen ist es erfüllend und beruhigend, neben ihrem Partner schlafen zu können; doch mitunter sorgen die energetischen Veränderungen der Individuen für starke Turbulenzen in der Nacht, und so wird der Wunsch nach einem eigenen Schlafzimmer immer drängender. Es können heftige Verarbeitungsprozesse in der Nacht stattfinden, und für den daneben

Schlafenden kann dies sehr störend wirken. Wenn beispielsweise einer der Partner noch die Energien seiner Arbeitsstelle auflöst, während der andere gerade eine Energieerhöhung erfährt, kann dies zu energetischen Konflikten führen, die bei beiden Partnern die Prozesse hemmen. Dann fühlen sich die beiden gegenseitig gestört und können manchmal nicht einmal den Grund verstehen. Man liebt sich, aber geht sich doch auf die Nerven, da sich der Unmut, auch wenn er nicht bewusst zugelassen oder erkannt wird, ansammelt und potenziert.

Auch wenn ein Partner nichts von *energetischen Prozessen* hören will, kann das Gebet für ihn, in der Akzeptanz des freien Willens, dennoch hilfreich sein.

Der Wunsch nach Schutz und Liebe für diesen Menschen kann ihn mittels der Weisheit der Schutzengel erreichen, da die Liebe immer das notwendige Verbindungsglied darstellt und auch vom Gegenüber angenommen wird. Es ist wichtig, nicht ins Missionieren zu verfallen oder gar Druck auf sein Gegenüber auszuüben. Damit erreicht man nur einen Gegendruck, den beide wiederum abbauen müssen. Dann geht es am Ende oft nur noch um den Druck und gar nicht mehr um die Wahrheit dahinter.

Es ist auch wichtig zu akzeptieren, dass manchmal die Eltern, von denen man sich eigentlich so sehr wünscht, dass auch sie den spirituellen Weg erkennen und gehen, von diesem überhaupt nichts wissen wollen. Sie haben vielleicht die Zeit des Krieges erlebt und sind voller Strukturen, die es ihrem Inneren noch nicht erlauben, diese Art des Lebens anzunehmen. Auch hier wird deutlich, dass der freie Wille jedes Menschen zu respektieren ist.

Zu lieben, ohne dass der andere das tun muss, was man selbst für richtig hält, ist ein Grundgebot der Toleranz. Dies ist wahre

Nächstenliebe, die es anzustreben gilt. Man kann immer wieder Hinweise geben oder Ansatzpunkte setzen, doch annehmen muss der andere sie im Frieden und in der Ruhe aus seiner eigenen Entscheidung.

Sie können im nachfolgenden Gebet auch die Namen der Partnerin oder des Partners einsetzen sowie die anderer Menschen, wie etwa Ihre Geschwister oder Eltern.

SCHUTZENGEL-GEBET

Höchste Schutzkraft,

aus tiefster Seele bitte ich Dich um Deinen Segen für
....
Bitte lasse Deine Engel Ihre schützenden Schwingen über sie/
ihn ausbreiten und bewahre sie/ihn vor allen Gefahren, die
ihrer/seiner Entwicklung nicht förderlich sind.

Bitte lasse die Kraft Deiner Liebe ihre/seine Aura erfüllen,
damit die wichtigen Impulse das Innere berühren und die
Erfahrungen gemacht werden können, die für die Entwicklung
in Deiner Liebe notwendig sind.

Bitte lasse alles Fremde weichen und erfülle die Aura mit der
Reinigungskraft Deiner Liebe.

Aus tiefstem Herzen bitte ich Dich um Deinen Segen, damit
Dein Schutz und Deine Liebe stets mit ihr/ihm sind.
Von Herzen danke ich Dir.

14.

AURA-SCHUTZ IN DER
VERWANDTSCHAFT

In diesem Kapitel befassen wir uns nicht mit Schutzgebeten *für* die einzelnen Verwandten, deren Namen können im Kapitel zuvor eingesetzt werden, sondern um den Schutz *vor* den Verwandten. Dies soll nicht bedeuten, dass man grundsätzlich davon ausgehen muss, dass es vor ihnen eines Schutzes bedarf, doch hier soll beispielsweise die Problematik der Übertragung von negativer Ahnenenergie berührt werden. Die Energieübertragungen über die Blutlinie wirken ganz besonders intensiv. Dazu kommen alte Prägungen wie: Die Kinder sind auch dazu verpflichtet, die Altlasten der Eltern und Ahnen abzutragen.

Hat beispielsweise eine Tante die stark ausgeprägte Vorstellung, negative Energien anderen Menschen zu übertragen, ist man über die Blutlinie ganz besonders empfänglich dafür. Auch Wesenheiten, die sich an Blutsverwandte angehängt haben, können über diese energetische Verbindung leichter in das persönliche Energiefeld eindringen als dies bei Fremden der Fall ist. Der Träger von solchen Energien beabsichtigt das mitunter gar nicht, aber durch die starke Überlagerung ist er außerstande, irgendwelchen positiven Einfluss auszuüben, und die ihn umgebenden Energien machen mit ihm, was sie wollen.

Mitunter haben sich Familienmitglieder auch freiwillig bereit erklärt, bestimmte Aspekte aus ihrer Ahnenreihe mit abzuarbeiten und abzutragen, doch dann neigen die alten Speicherungen dazu, sich komplett anzuhängen, was in den meisten Fällen aber nicht vorgesehen ist. Deshalb sind die Gebete darauf ausgerichtet, innerhalb jener Bereiche, bei denen unsere Seele mitzuhelfen zugestimmt hat, unseren Aufgaben nachzukommen, jedoch nicht das Karma von den Seelen anzunehmen, die nicht ihre eigenen Aufgaben erfüllen wollen.

Karma zu übernehmen, ist nur in ganz wenigen Fällen mit Hilfe der geistigen Welt gestattet, ansonsten ist dies nur eine Fehlhaltung, die erhebliche Energie kostet und am Ende dem Verursacher gar nichts nützt. Persönliches Karma muss selbst abgetragen werden, da dies meist mit Erkenntnis einhergeht und nicht von anderen abgelöst werden kann. Angestaute Energien abzuarbeiten, die von der geistigen Welt dafür vorgesehen sind, ist eine Sache, abgeschobene Energien von Ahnen aufzunehmen, ist jedoch eine andere. Letzteres ist nicht sinnvoll und erforderlich.

Ein weiterer Aspekt besteht mitunter in der weitreichenden Übernahme von Energie von Verwandten, bei der sich das positive Energiefeld des Abnehmenden weit über dem negativen Feld des Überträgers befindet. So kann es sein, dass der Energieabzug über die Maßen das niedere Niveau des Verwandten anhebt und so dem Gebenden Energie bis zur bleiernen Müdigkeit abzieht. Dieser fühlt sich dann erschöpft bis auf die Knochen, da über die Blutlinie die Energiespeicher besonders tief ausgeleert werden können.

In einem solchen Fall hilft nur das zeitweilige Verlassen des Raumes. Man sollte dann einige tiefe Atemzüge an der frischen Luft nehmen und ein Schutzgebet sprechen, welches auch die Energiespeicher schneller wieder auffüllt. Je länger solche „Energie-Spender" diesen intensiven „Energie-Abziehern" ausgeliefert sind, umso stärker ist der Energieabfall. Man kann und will sich vielleicht nicht immer den Verwandtschafts-Treffen entziehen, doch sobald man einen solchen Energieverlust spürt, kann man die gemeinsame Zeit vielleicht verkürzen, damit das persönliche Aura-Feld nicht zu stark in Mitleidenschaft gezogen wird.

Es ist auch in solchen Fällen wichtig, nicht zu versuchen, Menschen, die im Alten verharren oder sich nicht ändern möchten, umzuerziehen. Man kann Impulse setzen, sollte aber danach schnell wieder loslassen; denn jedes Ziehen ergibt eine Energieverbindung, über die dann Energie fließen kann, und zwar immer *von* demjenigen, der höhere Energie aufweisen kann, *zu* demjenigen, der sich in einer niedereren Schwingung befindet. Auch hier heißt es, den freien Willen zu akzeptieren; und je liebevoller man diese Menschen betrachten kann, umso leichter wird der Schutz und die Abgrenzung. Liebe ist immer der beste Schutz.

Auch sogenannte Streitgespräche verursachen in den meisten Fällen eine unangenehme energetische Verhaftung, die dann mühsam wieder gelöst werden muss. Der Eigenwille von Menschen, die im Alten verharren oder an starren Vorstellungen festhalten, kann sehr intensiv sein. Dann wird man vielleicht sogar mit hasserfüllten Gedanken bombardiert und mit Wünschen beschossen, die alles beinhalten, nur nichts Gutes. Man darf auch hier nicht vergessen, dass das Böse im Eigenwillen steckt. Das sogenannte *Böse* ist nicht außerhalb von uns, sondern es ist ein Teil unseres Wesens, solange der Eigenwille nicht dem göttlichen Willen übergeben beziehungsweise wieder eins mit ihm geworden ist.

Ein nicht zu unterschätzender Aspekt in der karmischen Belastung von Familien sind Erbkrankheiten, die sich entweder im genetischen Material zeigen oder aber energetisch überliefert werden. Hier haben sich mitunter Partikel verfestigt, die nicht nur der vorgesehenen Verarbeitung alter Belastungen durch die Folgegenerationen unterliegen, sondern sich mutwillig von Generation zu Generation übertragen wollen, um genährt zu werden oder um sich noch tiefer zu verfestigen. Dies können auch Aspekte sein, die sich als Charaktereigenschaften zeigen, beispielsweise als Neigung zu Suchtverhalten, wie Alkoholismus, oder in negativen Zügen, wie Aggression oder Habgier.

Das nachfolgende Gebet kann in solchen Situationen Schutz und Kraft spenden.

DAS ÜBERTRAGUNGS-SCHUTZGEBET

Unendliche Liebeskraft,

*mit allen Fasern unseres Wesens bitten wir Dich um Schutz
und Segen vor negativen Energien über die Blutlinie.*
*Bitte erfülle uns mit der Kraft Deiner Liebe und beschütze uns
vor allen Zugriffen, denen unsere Seele nicht zugestimmt hat.*
*Bitte hilf uns, die Energien zu verarbeiten, für die wir uns
entschieden haben, aber hilf uns in Deiner Weisheit auch, uns
vor jenen Übergriffen zu bewahren, die nicht in Harmonie mit
Deiner Liebe schwingen.*
*Wir bitten Dich um den Schutz unserer Aura, damit nichts
Negatives sie durchdringen kann und Lieblosigkeit und
Angriffe von außen abprallen.*

*Wir fühlen dankbar, dass die Wellen Deines Schutzes aus
unseren Herzen schwingen und von innen nach außen, bis an
den Rand unserer Aura, unser persönliches Feld schützen.*
*Im Schutze Deiner Liebe bitten wir auch für die Mitglieder
unserer Familie, die sich bislang Deiner Liebe noch nicht
öffnen konnten. Bitte lasse sie Deine Liebe spüren und öffne
ihnen alle Türen, die sie beim Wandel ihres Bewusstseins
benötigen.*

*Aus tiefstem Herzen danken wir für Deinen Schutz und Deine
Nähe.*
Möge Dein Segen mit uns und mit allen Menschen sein.

Man hat bereits in den verschiedensten Therapieformen herausgefunden, dass es immer wieder vorgekommen ist, dass vor allem Kinder in schwierigen Familienverhältnissen ihren Eltern bestimmte Formen von Karma oder negativen Energien unbewusst abgenommen haben, um demjenigen zu zeigen: Schau, ich bin doch zu etwas zu gebrauchen, du kannst mich ruhig lieben, denn ich tue etwas für dich.

Auf diese Art und Weise hat schon so manche schmerzgeplagte Kinderseele versucht, die Aufmerksamkeit unbewusst auf sich zu ziehen, um so doch an eine gewisse Energie von ihren Eltern zu gelangen.

Auch reagieren vor allem kleine Kinder in schwierigen Situationen oder bei Streitgesprächen der Erwachsenen damit, die Schuld bei sich selbst zu suchen oder sich schuldig zu fühlen. Zur „Wiedergutmachung" werden dann Energien und Gedanken-Konzentrationen aufgenommen, die eigentlich nicht für das Kind gedacht sind.

Auch hier gilt: Man kann kein Karma eines anderen Menschen übernehmen! Dieses muss stets vom Verursacher abgetragen und aufgelöst werden, da die mentalen und astralen Schöpfungen von der Energie der jeweiligen Person erschaffen wurden und auch dorthin wieder zurück müssen. Ansonsten kann es sogar sein, dass diese Person in ihrer Entwicklung behindert wird, da sie das Karma zur Verarbeitung nicht zur Verfügung hat und somit keine Klärung erfolgen kann.

Leider kommt es auch immer wieder vor, dass emotional schwache oder völlig überforderte Elternteile mit ihren negativen Energien nicht mehr anders damit umgehen zu können glauben, als sie als Schuldzuweisung ihren Kindern aufzuladen. Dann heißt es immer wieder: „Du bist schuld! Wegen Dir war dies und das!"

Wenn Sie spüren, dass aufgrund von Familienbanden Belastungen für Sie auftauchen, können Sie sich grundsätzlich und ursächlich durch folgendes Gebet von alten Übernahmen oder vielleicht sogar Schuldzuweisungen lösen:

ABLÖSUNGSGEBET

Unendliche Schutzkraft, höchster Schöpfer,

mit all unseren Nöten und Erschwernissen stehen wir in Liebe vor Dir und bitten Dich von ganzem Herzen um Ablösung aller alten und fremden Energien.

Können wir zum Wohle eines anderen in Deiner Ordnung mithelfen, so bitten wir um Deine Führung und Deine Kraft, doch bitte erlöse uns von allen Lasten, die wir unbewusst oder bewusst von anderen übernommen haben.

Bitte schütze unser Wesen und schenke uns Liebe und Weisheit, damit wir tatkräftig den Weg zu Dir in die vollkommene Liebe gehen können.
Bitte erfülle uns mit Deinem Segen, damit unser Bewusstsein reifen kann und wir unsere Erkenntnisse auch umzusetzen vermögen.

Wir danken Dir von Herzen und spüren liebevoll Deine Nähe.

Sollten Sie innerhalb von Gesprächen spontan spüren, dass etwas Unangenehmes auf Sie zukommt oder Energien eindringen möchten, können Sie folgende Sätze nutzen:

ALLTAGSSCHUTZ

Unendliche Liebe,

bitte beschütze mich jetzt und hier vor allen Gefahren.
Deine Liebe schützt mich,
Deine Weisheit behütet mich und
Deine Nähe erfüllt mich.
Wie Wellen fühle ich Deine Liebe aus meinem Herzen strahlen.
Sie schützt und trägt mich.

Von Herzen danke ich Dir.

15.

AURA-SCHUTZ BEI EIFERSUCHT

Menschen, die sich oft in Gefühlen von Eifersucht wiederfinden, können ein schmerzliches Lied davon singen. Mag es ihnen auch bereits bewusst sein, dass Eifer*sucht* mit Sucht zu tun hat, mit Angst, mit Nicht-Loslassen-können, mit Eigenwillen oder sogar mit Besitzgier, fällt es ihnen dennoch sehr schwer, mit diesen Emotionen umzugehen.

Teilweise berühren sie existenzielle Muster aus einem früheren Leben, und mitunter tauchen sogar Ängste auf, die geradezu an Todesängste und Verlustängste erinnern. Manchmal ist es auch ein alter Seelenaspekt, der sein Hab und Gut schützen möchte oder niemals bereit wäre anzunehmen, dass sein Partner ihn eventuell „betrügen" könnte. Prestigedenken und Stolz stecken manchmal hinter der Eifersucht, da man die Schmach eines „Betruges" oder gar Verlassen-Werdens nicht akzeptieren möchte. Es können die verschiedensten Ursachen vorliegen, häufig geht es um eine Mischung von Emotionen.

In diesem Kapitel sollen nicht die Wertvorstellungen oder Strukturen diskutiert werden, welche die jeweiligen Partner als ihre Beziehungsgrundlage festlegen, das bleibt immer den Betreffenden selbst überlassen, nachstehend wollen wir uns mit dem überbordenden Gefühl der Eifersucht beschäftigen, mit den fast krankhaften, den Menschen quälenden Emotionen von Eifersucht. Es geht um die Zustände, in denen die Wogen der Eifersucht wie gigantische Wellen über einem zusammenbrechen. Es ist ein äußerst negatives Gefühl und lässt keine Freiheit mehr zu. Zwanghaft und bohrend überfällt es den Menschen, und die Wogen der Emotionen kochen im Inneren hoch.

Manchmal erwacht die Eifersucht auch schleichend; dann, wenn Gedankenformen in der Aura die Eifersucht schüren wollen und nur mit den entsprechenden Emotionen genährt werden können. Das gleicht dann wirklich einer Sucht, denn die Speisung dieser Felder wird nur über Gefühle der Eifersucht erreicht.

Hier gilt es als Erstes, das Bewusstsein zu erlangen, dass diese Problematik überhaupt vorhanden ist. Manche Menschen akzeptieren einfach ihre Eifersucht und quälen in boshafter Weise ihren Partner. Mitunter erschaffen sie überhaupt erst solch eine energetische Situation, die ohne ihre einseitigen Gedanken und das Aufbauen der Energie gar nicht entstanden wäre. Sobald man seine Eifersucht akzeptiert hat und nach einer Lösung sucht, ist bereits ein wichtiger Schritt getan. Noch sind die Strukturen zwar hartnäckig, doch das Bewusstwerden ist der wichtigste Schritt.

Die Schmerzen, die eine tiefe Eifersucht auslöst, können vermutlich nur von den Menschen wirklich nachvollzogen werden, die schon einmal selbst richtig eifersüchtig waren. Es sind extrem starke Emotionen, die das komplette Energiegefüge gleich einige Stufen nach unten ziehen. Jegliches Vertrauen in die geistige Führung, die sich ein suchender Mensch auf seinem Weg vielleicht schon erarbeitet hat, ist verschwunden, und nur noch die Sucht ist vorhanden. Dann hilft nur noch ein aufrichtiges geistiges Streben und das Sich-Erinnern an seinen Weg. Mühsam muss man den inneren Seelenteilen das Vertrauen nahe bringen, das Loslassen und die Annahme der geistigen Führung.

Hier kann das nachfolgende Gebet einen guten Beitrag leisten:

GEBET UM VERTRAUEN

Höchste Schöpferkraft,

voller Schmerzen lege ich heute mein Sein in Deine Hände.
Bitte durchdringe mich bis in die Tiefe meines Wesens mit
Deiner Liebe.
Von Herzen bitte ich Dich, das Gefühl von Vertrauen und
Frieden, von Loslassen und Annehmen in mein Wesen zu
legen.

Bitte lasse alle schmerzhaften Erinnerungen aus alten Zeiten
in Deiner Liebe schmelzen und erfülle mich mit der Kraft
Deines Segens.
Bitte schenke mir Vertrauen und lasse mich die Liebe fühlen,
die ich in meinem Herzen trage, aber im Moment nicht spüren
kann.

Mein Atem wird ruhiger, langsam fühle ich den Hauch von
Frieden und bin sehr dankbar für Deine Hilfe.

Ein Gebet kann dann als Schutz angewandt werden, wenn man unter der Eifersucht eines Partners oder anderer Menschen zu leiden hat. Es ist hierbei aber immer wichtig, auch in den Tiefen des eigenen Wesens zu suchen, ob die Eifersucht nicht noch einen Aspekt auch in der eigenen Seele darstellt, obwohl natürlich nicht immer die Eifersucht des Partners auch ein Problem der eigenen Person ist. Man kann auch von der geistigen Führung als „dienendes Gegenüber" eingesetzt werden, da man selbst diesen Wesenszug bereits gewandelt hat.

Auch andere Komponenten auf dem Erfahrungs- und Lernweg des Menschen können vorkommen.

So fand sich beispielsweise ein Paar zusammen, bei dem sie äußerst eifersüchtig war und er zum Fremdgehen neigte. Beide hatten in dieser Zusammensetzung auf ihre ganz eigene Art zu lernen.

Sie sollte Loslassen und Vertrauen lernen sowie das Aufgeben der Machtausübung und Kontrolle über ihren Partner. Daneben ging es um das Verzeihen alter Verletzungen. Er hingegen sollte erkennen, dass er durch stets neue Liebeleien, in denen er nur Verherrlichung, Bewunderungsenergie und weibliche Energie suchte, nicht weiterkommen konnte. Solange er seinen Energiebedarf mit derartiger Energie füllte, konnte keine höhere, geistige Kraft einströmen, welche ihn dauerhaft versorgen würde.

Es lässt sich unschwer nachvollziehen, dass bei zwei solch verschiedenen Charakteren die Reibungspunkte vorgegeben sind. Wenn beide Partner an ihren Problemen arbeiten und miteinander sprechen, haben sie die Möglichkeit, sich zu wandeln und danach eine liebevolle Beziehung zu führen. Manchmal werden die Vorgaben aber auch verarbeitet, und die Partner trennen sich dennoch. Das bleibt der freien Entscheidung der Beteiligten überlassen.

Ist eine solche oder ähnliche Problematik in Ihrer Beziehung vorhanden, ist es sinnvoll, sich intensiv damit zu beschäftigen, möglichst im Austausch mit dem Partner, aber ohne Verurteilungen, Forderungen oder Anweisungen für ihn. In der Meditation kann man sich über das eigene Innere Klarheit verschaffen, indem man seine Gefühle beobachtet und tief in ihre Energien eintaucht. Dann sollte die Betrachtung aus der Liebe erfolgen, damit auch Zorn und Ärger mit der Zeit verwandelt werden. Das nachfolgende Gebet kann hier mithelfen:

AUFLÖSUNGSGEBET

Höchste Schöpferkraft,

*von Herzen bitten wir Dich um die Weisheit Deiner Führung,
um die Kraft Deiner Liebe und um Vertrauen und Demut.*

*Bitte stehe uns bei in der Erkenntnis der höheren Wahrheit
und hilf uns, alle alten Gefühle und lieblosen Gedanken zu
wandeln.*
*Wir bitten Dich um den Strahl Deiner Gnade, damit wir
tatkräftig und lichtvoll den Weg zur Auflösung aller alten
Muster gehen können.*

Von Herzen danken wir Dir und fühlen Deine Nähe.

16.

AURA-SCHUTZ BEI BEERDIGUNGEN UND FRIEDHOFSBESUCHEN

Nicht ohne Grund werden Friedhöfe meist mit Gruselgeschichten verknüpft und basieren viele Horrorfilme aus alten Überlieferungen, die von Friedhöfen handeln. Es ist leider tatsächlich so, dass sich unerlöste Seelen, im Schmerz verharrende oder noch verwirrte „Geister" sehr oft im feinstofflichen Feld über einem Friedhof befinden.

Dieser Sachverhalt steht im krassen Gegensatz zum Namen des Ortes. Hier sollten eigentlich die abgelegten Körper ruhen und die Seelen nach ihrem Ableben Frieden finden, doch die Realität sieht ganz anders aus. Nicht nur erdgebundene oder unter Schock stehende Seelen, die nicht wissen, wohin sie gehen sollen, irren auf diesen Pfaden, sondern auch Wesen, die sich von dieser Verwirrung laben oder sich vom Schmerz der Friedhofsbesucher nähren. So hat nicht selten ein Friedhofsbesucher in seiner Aura „Gäste" mit nach Hause gebracht, die ihm in der Folge dauernd Schmerzimpulse und Mitleidsenergien einflößen, damit sie selbst immer von derartigen Emotionen genährt werden können.

Schaut man sich noch genauer im geistigen Feld eines Friedhofes um, sieht man, dass die meisten Seelen, die dort ihre Körper abgelegt haben, glücklicherweise gar nicht mehr dort sind! Die meisten können ihren Weg in die geistigen Reiche gehen und werden von Lichtengeln begleitet; doch eine nicht geringe Menge an Seelen bleibt zurück. Sie sind meist gefangen in ihren Glaubensvorstellungen, die ihnen nicht ermöglichen, weiter ins Licht zu gehen. Solche alten Muster besagen auch, dass auf dem Friedhof, wo man beerdigt ist, die Familie einen besuchen kommt! Die Verbindung zum Körper ist immer noch stark, und die Seele konnte sich noch nicht wirklich lösen. So irren manche erdgebundenen Wesen in einer Nacht sogar von Friedhof zu Friedhof, da die Atmosphäre dieser Orte meistens genau gleich schwingt und sie so keine Mühe haben, ihnen entsprechende Energiefelder zu kontaktieren.

Natürlich kann es auch sein, dass Seelen, die voller Liebe ihren Weg in die geistigen Reiche gegangen sind, dennoch dem Friedhof einen Besuch abstatten, wenn ihre Familie sich am Grab versammelt. Doch meistens mögen sie die Schwingung nicht, die sich durch die Anwesenheit von niederen Energien ergibt, und sind froh, wenn sie mit ihren Lieben den Friedhof verlassen. Sie besuchen ihre Angehörigen viel lieber zu Hause in der vertrauten Umgebung, da sie ihren Lieben hier noch näher sein können. In ihrer Zuneigung sind sie den Menschen meist sehr nahe und fühlen sich gar nicht getrennt. Ganz im Gegensatz zu den „Zurückgebliebenen". Diese nehmen ihre „Vorausgegangenen" in der Regel natürlich nicht so deutlich wahr wie sie uns und fühlen sich daher oft alleine und voller Schmerz.

In den meisten Fällen geht es den Vorausgegangenen sehr gut, und sie fühlen sich geborgen und voller Liebe. Damit auch alle restlichen Energien abgelöst werden können, welche die Seelen eventuell noch binden, hilft oft auch ein Gebet. Man darf sicher sein, dass die Liebe keine Anhaftung benötigt. Sie ist stets vorhanden und wird niemals unterbrochen. Hier geht es ausschließlich um die Ablösung von energetischen Verstrickungen oder

Bindungen, welche die Seele noch festhält und auf ihrem Weg behindert. Deshalb ist das gemeinsame Gebet zum „Abschied" einer Seele so sinnvoll. Hier kann sehr viel Gutes erreicht werden.

Manchmal sind Beerdigungen jedoch mit ganz anderen Emotionen besetzt. Manche Menschen gieren nach den Erbschaften oder sind froh, einen „Störenfried" endlich los zu sein. Vielleicht hat die Versorgung zum Ende des Lebens eines Menschen sehr viel Einsatz gefordert, und Zorn macht sich über diesen Umstand breit. Mit allen diesen Emotionen werden die Menschen dann zu Grabe getragen, und starke negative Felder brennen sich in das feinstoffliche Feld eines Friedhofes ein. Ist ein Mensch besonders sensibel und aufnahmefähig, kann es sein, dass extrem unangenehme Energien seine Aura befallen und es ihm plötzlich sehr schlecht geht. Das kann ziemlich schnell geschehen, wenn er den gleichen Weg zurücklegt, welcher der andere Mensch in seinen negativen Emotionen zuvor gegangen ist. Hellsichtig betrachtet, sieht man auf solchen Wegen eine *energetische Schleimspur*, durch welche andere Menschen hindurchgehen müssen.

Manchmal bleiben über den Gräbern auch für eine lange Zeit sogenannte Lebensreste hängen. Sie verharren wie dunkle Wolken über den Gräbern und weisen die verschiedensten Inhalte auf. Bei Menschen, die am Ende ihres Lebens unter Demenz oder Alzheimer litten, bleiben sehr oft solche Restenergien übrig. Hierbei handelt es sich meist um Probleme oder Aufgaben, die ein Mensch in seinem Leben nicht abgearbeitet hat. Nicht selten hat dieses Wesen schon vor langer Zeit mit fast seiner kompletten Seele den Körper verlassen. Zurück blieben wenige Vitalkräfte und unverarbeitete Energien, zusammen mit Fasern seiner Seele, die nicht selten durch den Verlust der höheren Seelenaspekte in das Kindheitsstadium oder noch weiter zurückfielen.

Bereits diese wenigen Beispiele machen wohl deutlich, wie belastet ein Friedhofsbereich sein kann. Sehr selten sind Friedhöfe wirklich friedvoll, etwa wenn dort viele Menschen gebetet haben, die verstanden haben, um was es im Leben wirklich geht, die um die Wahrheit der Seele wissen und voller Liebe an ihre Vorausgegangenen denken.

Das nachfolgende Gebet schützt die „Lebenden" und lässt Liebe zu den „Vorausgegangenen" fließen.

GEBET FÜR VERSTORBENE

Höchste Gottheit, vollkommene Liebe,

*aus tiefstem Herzen bitten wir Dich um Deinen Schutz und
Deine Führung.*
*Bitte erfülle uns mit Deiner Kraft und beschütze uns vor
allen Energien und Wesen, die sich noch unerlöst auf diesem
Friedhof befinden.*

*Bitte beschütze uns vor allen fremden Gedanken und
Emotionen, damit wir im Vertrauen in Deine Fürsorge behütet
sind.*
*Bitte schenke all den armen Seelen durch Deine „Engel von
Geburt und Tod" Kraft und Weisung, damit sie bald Deine
Lebensgesetze erkennen und den Weg zu Dir wählen können.*

*Wir bitten Dich um Schutz für uns selbst und um Führung für
den Menschen, der soeben seinen Körper verlassen hat.*
*Bitte schenke ihm das Licht Deines Schutzes und weise ihm in
Deiner Liebe den Weg.*

*Wir wissen, dass wir in Liebe stets mit ihr/ihm verbunden sind
und sind dankbar für die Zeit, die wir zusammen auf dieser
Erde verbringen konnten. So mag noch einige Zeit unseres
Erdenlebens verstreichen, doch wir werden sie/ihn in den
geistigen Reichen wiedersehen.*

Wir fühlen Deine Nähe und spüren Deine Kraft.
Dankbar lassen wir Deine Liebe in uns einfließen.

17.

AURA-SCHUTZ FÜR DAS HAUSTIER

In vielen Familien ist das Haustier inzwischen ein wichtiger Teil der Familie geworden. Es wird auf die Bedürfnisse der jeweiligen Tierart eingegangen und es herrscht ein liebevolles Miteinander. Das Tier gibt Liebe und der Mensch kann Liebe schenken. Auch Kinder können früh lernen, die Verantwortung für ein anderes Lebewesen zu übernehmen und es als Mitglied der großen Familie auf diesem Planeten zu achten. Wenn dieses Bewusstsein für die Rechte aller Tierarten stärker wird, kann sich in der Mensch-Tier-Beziehung auf dieser Erde vieles zum Positiven wenden.

In der Tierwelt selbst herrscht ein hartes Leben. In der Wildnis gilt Fressen und Gefressen-werden, denn nur wenige Tierarten haben sich über den Fleischverzehr hinaus entwickelt. Selbst unsere liebevollsten Begleiter in der Familie, Hunde und Katzen, benötigen Fleisch, damit sie gesund bleiben und die notwendigen Nährstoffe erhalten. Die Menge oder das Mischverhältnis ist sicher unterschiedlich, doch ohne Fleisch werden die meisten Tiere krank. Ihr Organismus, ihre Verdauung, ist nicht darauf ausgerichtet.

Selbst beim Spazierengehen mit dem Hund ergibt sich immer wieder die Konfrontation mit einem gewaltigen Aggressionspotenzial von anderen Hunden oder von heftigem Revier- und Machtverhalten, was unseren lieben Vierbeinern schwer zusetzen kann. Diese Revier- und Machtstruktur ist zwar in allen Rassen enthalten, doch unterschiedlich ausgeprägt.

Auch bei Katzen herrschen harte Revierkämpfe. Leben viele Katzen in einem Viertel, hört man immer wieder das Kampfgeschrei und ist erstaunt, wie intensiv manche Kater um ihre Stellung kämpfen können. Auch kastrierte Katzen zeigen bestimmte Strukturen. Einmal werden sie gejagt, ein andermal jagen sie selbst eine Artgenossin. Auch Hasen haben Reviergebaren, was man sofort erleben kann, wenn mehrere Hasen sich ein gemeinsames Stück Rasen teilen sollen. Manche Hasen werden von ihren Kollegen regelrecht angegriffen, da diese ihnen kein Stückchen zugestehen wollen.

Es gibt also zum einen die internen Lebensstrukturen, dann aber auch noch ganz andere Energien, die sich in den Familien selbst entwickeln können. So kann es vorkommen, dass ein Haustier tatsächlich auf energetischer Ebene mithilft, die Energien nach einem Familienstreit zu klären. Tiere nehmen auch eine fremde Anhaftung bei ihrem Frauchen oder Herrchen wahr und bleiben so lange in ihrer Nähe, bis diese abgebaut ist. Katzen setzen sich dann besonders lange auf „ihren" Menschen, um mitzuhelfen bei der energetischen Klärung. Das kostet sie natürlich Kraft und muss von ihrem System wieder neutralisiert werden.

Mitunter erlebt man sogar, dass Haustiere Krebsgeschwüre oder andere Krankheiten von ihren Besitzern übernehmen, um ihnen beizustehen und bei der Heilung mitzuhelfen. Das ist ein ganz besonderer Liebesdienst, der jedoch dem Tier sehr viel abverlangt.

Manchmal übernehmen Haustiere sogar die persönlichen Eigenarten ihrer Besitzer. So können sie besonders ängstlich und sogar mürrisch oder übellaunig werden. Je nachdem welche Schwingung vorherrscht, können die Tiere sich emotional dem bestehenden Feld ihrer Umgebung anpassen. Das Wort *Besitzer* ist eigentlich nicht das richtige Wort, denn ein Mensch kann ein Tier niemals besitzen. Ein anderes Lebewesen kann niemals *besessen* werden.

Nun darf man aber nicht annehmen, dass jede Erkrankung des Tieres mit den Menschen zu tun hat, bei denen es lebt. Manchmal trägt das Tier auch kollektive Energie seiner eigenen Rasse ab, eigene Restenergien seiner Existenz oder wirkt energetisch klärend sogar in andere Tierarten hinein.

So konnten wir schon erleben, dass ein Tier aufgrund einer durchlittenen Erkrankung einige Inkarnationen überspringen konnte und in eine höhere Entwicklungsebene weiterschreiten durfte.

Auch Rinder oder andere Nutztiere, die sich schon Jahrtausende in der Nähe von Menschen befunden haben, werden in besonderem Maße in ihrer Bewusstseinsentwicklung gefördert.

Mit dem folgenden Gebet können wir den Schutz des Tieres stärken und die Entwicklung fördern. Sie können den Namen ihres Tieres einsetzen oder die Worte so nehmen, wie sie hier gewählt wurden.

GEBET FÜR DIE HAUSTIERE

Geliebter Schöpfer allen Lebens,

voller Hingabe bitten wir Dich um Schutz und Segnung für unser Haustier.
Bitte erfülle es mit Deiner Liebe, damit Gesundheit und Lebensfreude sein Innerstes durchdringen.

Bitte befreie es von allen fremden Energien und Übernahmen, die nicht vorgesehen sind, und erfülle es mit Kraft und Liebe für seinen Weg.
Bitte lasse die Engel der Tiere stets über sie wachen und schenke ihnen das rechte Maß an Bewusstsein, damit sie in ihrer Entwicklung vorwärtsschreiten können.

Wir bitten Dich um Stärke für das Tier, damit negative Energien schnell abgetragen werden können und die Hilfe der Engel stets für sie fließen kann.

Bitte segne und stärke alle Tiere dieser Welt, damit sie Deine Liebe fühlen können und getragen werden von den Engeln der Tiere und der Elemente.
Mögen die Menschen immer mehr begreifen, dass die Tiere unsere Mitbewohner sind und ihnen kein Leid zugefügt werden sollte.
Bitte schenke den Tieren dieser Welt die Kraft, damit sie die negativen Einwirkungen des Menschen ertragen können und in ihrem Inneren von Deiner Liebe berührt werden.

Von ganzem Herzen danken wir Dir für Deinen Schutz und Deinen Segen.

18.

AURA-SCHUTZ BEIM TIERARZT

Jeder Tierhalter weiß, dass ein Tierarzt-Besuch für die meisten Tiere größten Stress bedeutet. Nicht nur die Fahrt oder der Transport dorthin, auch die Räume oder die Atmosphäre des Arztes sind für das Tier angstbesetzt.

Selbst wenn wir mit ihnen kommunizieren und ihnen alles erklären könnten, bliebe immer noch das kollektive Gedächtnis der Tiere, an das sie stets angeschlossen sind, in denen ein Arztbesuch immer auch mit Schmerzen verbunden war. Mitunter wird der Arztbesuch auch mit kollektiven Erinnerungen aus dem Unterbewusstsein gleichgesetzt, in denen es um Schlachtung, Misshandlung oder Tötung geht.

In vielen Fällen erinnern sich die Tiere auch an die im gegenwärtigen Dasein erfahrene Kastration oder an sonstige Operationen, in denen ihnen zwar geholfen wurde, was sie meist sogar irgendwie verstehen, doch war dies immer mit Schmerzen verbunden, manchmal noch lange nach dem Aufenthalt beim Tierarzt.

Bei aller Liebe, die viele Tierärzte ihren Schützlingen entgegenbringen, bleibt es dennoch nicht aus, dass das energetische Feld, vor allem im Wartezimmer, mit Angst und Schrecken erfüllt ist. Jedes anwesende Tier und jeder anwesende Mensch hinterlässt sozusagen einen energetischen Abdruck der Erinnerungen.

Diese sind meist schmerzlich, da sich ein Mensch beim Tierarzt oft auch an eigene Operationen oder schmerzliche Arztbesuche erinnert. Dieses ausgeprägte Energiefeld baut sich immer mehr auf, und besonders sehr sensible Tiere helfen mitunter sogar mit, solche Felder abzubauen. Dann wird der Besuch besonders stressvoll und verankert sich wiederum in der persönlichen Erinnerung des Tieres.

Viele Ängste, Fehlverhalten oder unnatürliche Verhaltensmuster sind das Ergebnis von energetischen Blockaden oder negativen Einwirkungen.

Nehmen wir das Beispiel des Nürnberger Eisbären-Babys *Flocke*. Die Tierpfleger, der Zoo-Inhaber, die Tierärzte und viele Helfer haben hinsichtlich der Umstände das Beste gegeben. Ihnen war klar, dass ein Eisbären-Baby möglichst natürlich aufgezogen werden muss, dass es sonst die Anbindung an das Tierkollektiv verliert, sich später nicht zur Wehr setzen und sogar vermenschlichen kann.

Doch zeigte sich im Feinstofflichen noch ein weiterer Aspekt. Der Zoo hatte der Eisbären-Mama für die Geburt eine Gebärhöhle gebaut, welche sie auch annahm. Jedoch konnte diese künstliche Höhle, vermutlich aus Beton errichtet, die energetische Reinigung, welche das Eis in der natürlichen Umgebung ermöglicht, nicht gewährleisten. Das Eis in der Natur ist ein starkes energetisches Reinigungsmittel. Zwar kommt es an das fließende Wasser nicht heran, dennoch werden, langsamer als beim fließenden Wasser, gestaute Energien abgebaut. Beim Gebären werden durch das Blut und die Körperflüssigkeiten, durch Kot und Urin Energien freigesetzt, die auch einer energetischen Klärung bedürfen. Man muss nur in sich hineinfühlen, welche Emotionen sich zeigen, wenn man an eine Geburt denkt, und an all die körperlichen Ausscheidungen. Sie sind fast immer mit Schmerzen und einer besonderen Energie getränkt, die sich in Verbindung mit Blut und Körpersekreten zeigt. Kann diese Energie nicht abgetragen werden, kommt es zu Stauungen, und die Aura verdunkelt sich.

Die Mutter von *Flocke* war durchaus gesund und hätte das Baby auch weiter angenommen und versorgt, doch sie konnte die Energie in ihrer Gebärhöhle nicht mehr ertragen. Sie schleppte ihren kleinen Eisbären vor der Höhle herum und wusste sich nicht mehr zu helfen.

Das brachte eine große Schwierigkeit mit sich, da man ja auch nicht in die Gebärhöhle hinein sollte. Doch es ging nicht um Äußerlichkeiten. Es war ein rein energetischer Prozess, den man vielleicht mit Gebeten und die Atmosphäre reinigenden Vorgängen hätte abwenden können. Die Eisbärin hätte die Höhle dann wieder akzeptiert.

Leider erleben wir oft, dass die feinstofflichen Prozesse vollkommen vernachlässigt werden und so Probleme auftauchen, die sich über das Gebet und die Wirkung von energetischen Reinigungen abwenden ließen.

Kommen wir noch einmal zurück zum Tierarzt. Selbst der Geruch von Desinfektionsmitteln, die unbedingt notwendig sind, kann bei Tieren Angst auslösen. Sehr oft sind viele andere Tiere da, die in der freien Wildbahn Todfeinde wären. So erleben Hasen manchmal Todesängste, wenn sie einem großen Hund gegenübersitzen. Ob dieser sie nun jagen würde oder nicht, die Wahrnehmung sitzt in ihren Genen. Auch Katzen in den Wartezimmern haben große Angst vor Hunden.

All dies versuchen wir in einem Gebet zusammenfassen, welches es den schützenden Engeln ermöglicht, die Wogen der Angst zu glätten und mehr Frieden und Schutz in die Herzen der Tiere zu legen.

GEBET FÜR DIE TIERE

Höchste Engel der Tiere,

von ganzem Herzen möchten wir Euch heute um den Schutz unserer Tiere bitten.
Sie sind beim Arzt in guten Händen, und dennoch sind sie erfüllt von Stress und Angst.
Bitte schenkt ihren aufgewühlten Herzen den Frieden Eurer Liebe und lasst sie die Zuversicht fühlen, dass ihnen geholfen wird und sie sich geschützt und getragen fühlen.

Bitte beschützt sie vor den Einwirkungen fremder Energien und bewahrt sie vor den Zugriffen fremder Krankheitserreger, die ihr System gefährden.

Wir bitten Euch auch, die Räume energetisch zu reinigen, damit das Licht der Liebe strömen kann und schädliche feinstoffliche Reste beseitigt werden.
Bitte erfüllt die Ärztin oder den Arzt mit Eurem Segen, damit sie mit der rechten Intuition und einer klaren Hand das Richtige für unser Tier finden können.

Wir bitten auch um den Segen für alle Tiere, die an Krankheit oder Schwäche leiden. Bitte erfüllt sie mit Eurer Liebe, damit sie bald gesunden.

Von ganzem Herzen danken wir Euch für Euren Beistand.

Bei Krankheit des Tieres kann folgendes Gebet hilfreich sein:

GEBET FÜR EIN KRANKES TIER

Höchster Lichtengel der Tiere,

*wir bitten Dich heute um baldige Genesung für unser Tier.
Bitte hilf ihm, die Energien zu verarbeiten, die es zu
verarbeiten gilt, und stehe ihm gleichzeitig bei, schnell wieder
Gesundheit und Lebensfreude zu finden.*

*Bitte erfülle uns mit der notwendigen Intuition, damit wir das
Beste für das Tier erreichen, und schenke uns Kraft, unserem
Schützling in der rechten Weise beizustehen.*

*Bitte hilf uns, damit unsere Liebe dem Tier als Kraftstrom
zufließen kann.
Möge sein Wohnplatz durch Deine Liebe gereinigt und alle
fremden Einflüsse beseitigt werden.
Wir bitten Dich von Herzen um Wandlung und Klärung,
sollten belastende Energien von uns Menschen der Grund für
die Krankheit des Tieres sein.*

*Von Herzen danken wir Dir für Deinen Beistand und Deinen
Segen.*

19.

AURA-SCHUTZ BEI KRANKHEIT

Wer macht sie nicht immer wieder durch: Die Zeiten von Krankheit. Damit sind aus unserer Betrachtung nicht nur schwere Erkrankungen gemeint, sondern auch Erkältungen, Verletzungen, Niedergeschlagenheit oder völlige Erschöpfung.

Jede Erkrankung des Körpers oder der Seele, ob sie schwer ist oder vorübergehend, löst eine Beeinträchtigung aus, die sich mitunter als sehr langwierig erweisen wird. Manchmal stecken karmische Verarbeitungen dahinter, und die Ablösung kann mit einer Erkrankung einhergehen, oder man wird von der geistigen Führung auf eine Veränderung aufmerksam gemacht, die man bislang noch nicht erkennen konnte.

Manchmal nimmt ein Mensch zu wenig Rücksicht auf die Kräfte seines Körpers und seiner Psyche und wird mit einer Erkrankung auf diesen Missstand aufmerksam gemacht. Dann holt sich der Körper gewaltsam seine Erholung, was durchaus hätte vermieden werden können.

Sehr häufig stecken jedoch verborgene emotionale Schmerzen dahinter, die über den Körper abgebaut werden; denn auch tiefe, schockartige alte Erlebnisse werden über die Körperebene aufgelöst.

In letzter Zeit erleben wir häufig, im Zuge von Zellgedächtnis-Verarbeitungen aus früheren Leben, dass der Körper alte Speicherungen abbaut, die bislang seinen Energiefluss behindert haben. Dies sind vor allem alte Verletzungen oder auch uralte Seuchen-Erkrankungen, die sich mit ähnlichen Symptomen erneut zeigen, jedoch nicht auf eine gegenwärtige Krankheit zurückgeführt werden können. Dann sind die Schmerzen oft diffus und zuweilen unerklärlich.

Auch alte Flüche und Verwünschungen blockieren normale Körperabläufe und beeinträchtigen den Menschen; ebenso wie tiefe eigene Prägungen oder dauernde negative Gedanken eine Krankheit auslösen können.

Gegenwärtig erleben wir sehr viele Schilddrüsen-Erkrankungen, die mit diversen Namen betitelt werden. Nicht selten stecken hier innere Erlebnisse und emotionale Schmerzen dahinter, die sich allesamt an die Schilddrüse hängen. Dann zeigt sich die Wahrheit von Aussprüchen wie: „Das steht mir bis zum Hals!" „Mir schnürt es die Kehle zu!" Oder: „Mich packt es an der Gurgel, ich bekomme keine Luft mehr!" „Mir bleibt der Atem weg." Bestimmte emotionale Stauungen strömen in den Halsbereich, vor allem zur Schilddrüse, und setzen sich dort in der Aura fest. Mit der Zeit dringen diese zuerst feinstofflichen Blockaden dann in das Körperfeld ein.

Stammen sie aus früheren Leben und haben mit den jetzigen Schwingungen des Körpers wenig gemein, werden sie von diesem als Fremdkörper wahrgenommen, als Besetzung oder Belastung – und der Körper bildet Antikörper gegen den „Eindringling". Doch es ist kein Eindringling, sondern ein eigener Körperbereich, der von alten Energien besetzt wird. Zwar dienen diese zur Aufarbeitung und zur Möglichkeit der Klärung, dennoch wirken sie in solchen Fällen fremd, da die alte Energie einer früheren Persönlichkeit nicht als die eigene akzeptiert wird. Die Antikörper greifen dann das eigene Gewebe an, und man entwickelt eine Auto-Immunerkrankung. Nicht nur die Schilddrüse ist von solchen Vorgängen betroffen, es können sich während der Aufarbeitungszeit die verschiedensten Symptome zeigen. Dann ist es besonders wichtig, sehr viel persönliche Liebe an diese Stelle fließen zu lassen und die geistige Welt um Beistand zu bitten.

Doch nicht immer sind ausschließlich eigene Verarbeitungen wirksam. Durch die Schwäche anlässlich einer schwierigen Verarbeitungsphase oder durch alte Muster kommen mitunter noch allergische Reaktionen des Körpers aufgrund der Vielzahl von allergenen Stoffen dazu. Unsere Lebensebene wird von unglaublich vielen Schwingungen durchzogen, von Radio-, Fernseher-, Handy- oder privaten Funkwellen, ganz abgesehen von all den Frequenzen und Schwingungen, die vom Militär oder sonstigen Einrichtungen genutzt werden und der Allgemeinheit mehr oder eher weniger mitgeteilt werden. Fast überall wird gegen Schädlinge gespritzt, gedüngt und die Natur verändert, was eine große Belastung für den Organismus darstellt. Wie stark die genetischen Veränderungen als Spätfolge auf den Menschen wirken, ist noch nicht im Ansatz erforscht. Es soll hier keine Schwarzmalerei betrieben werden, doch leider stellen sich diese Tatsachen als wenig erfreuliche Entwicklung dar.

Allergische Reaktionen sind zurzeit ebenfalls ein weit verbreitetes Problem, das jedoch auch mit Verarbeitungen oder Prägungen aus früheren Leben zu tun haben kann.

So kam eine Mutter mit ihrer kleinen Tochter in die Praxis und bat um Hilfe wegen einer starken Allergie ihrer Tochter. Diese reagierte auf die verschiedensten Stoffe allergisch, und die Mutter wusste keinen Rat mehr.

Es zeigte sich in der Rückschau, dass das Mädchen in einem früheren Leben auf einem Altarstein geopfert wurde, damit das Volk sich einer guten Ernte, genügend Regen und des Segens ihres Gottes/Ihrer Göttin sicher sein konnte. Auf den Altarstein wurden damals neben das Mädchen die verschiedensten Opfergaben gelegt: Ähren von den gebräuchlichen Getreidesorten, Obst, Gemüse und auch Blumen und Kräuter. Das Mädchen wurde nicht narkotisiert und sah alle diese Lebensmittel um sich herum. Sie verstand gar nicht wirklich, was mit ihr passierte, und speicherte in ihrer Erinnerung alle diese Gaben zusammen mit ihrem grausamen Opfertod in ihrem Unterbewusstsein ab.

Im Tagesbewusstsein war sie sich der inneren Reaktionen nicht bewusst, doch die unterbewussten Ebenen und auch das Zellbewusstsein des Körpers reagierten sofort, wenn eines dieser Lebensmittel in den Körper gelangte oder diesen auch nur berührte. Es lief sofort das volle Schockprogramm ab, und der Körper reagierte mit Ausschlag, Atemnot, Schwellung und Angstschweiß. Erst mit viel Zuwendung auf der Körperebene und mit dem bewussten Erleben und Berühren der Lebensmittel konnte der alte Schock von den einstigen Opfergaben getrennt werden, und sehr langsam freundete sich auch das Körperbewusstsein mit den Gaben der Erde an und erkannte, dass diese gar nicht die Ursache für den Tod waren, sondern die damaligen Menschen. Vergebung und das Bewusstsein der wahren Hintergründe führten die restliche Aufarbeitung zu einem guten Ende.

Nicht zu vergessen sind die gegenwärtig stattfindenden großen energetischen Veränderungen auf diesem Planeten, die mitunter starke körperliche Symptome hervorrufen. Da der Körper die kommende Erhöhung der Energieschwingung dieses Planeten miterlebt und sich ebenfalls vollständig verwandelt und erhöht, muss er natürlich auch dementsprechend verändert und von alten Belastungen abgelöst werden. So lösen sich nicht nur alte Bindungen oder Schocks auf, sondern auch starre Vorstellungen oder Glaubensmuster sowie Kontakte in kollektive Felder von Berufsgruppen oder Gemeinschaften, an denen sich der Mensch einst orientiert hatte. Dies kann zum Zusammenbruch ganzer innerer Glaubenssysteme führen, je nachdem wie weit sich der Mensch bereits ablösen konnte oder nicht.

Nicht selten fallen körperliche Strukturen sogar kurzzeitig Ängsten oder Panikvorstellungen zum Opfer, da ihnen die energetische Veränderung noch ganz neu erscheint und sie sich überfordert fühlen. Dann hat der Mensch in seiner Gesamtheit kurzzeitig das Gefühl, den Boden zu verlieren und nicht mehr zu wissen, wie es weitergeht. Doch die Liebe wird auch hier immer „siegen" und den Menschen auf seinen Weg führen. Wichtig ist die liebevolle Annahme solcher Angstzustände und das Bewusstsein, dass die Veränderung der Erdfrequenz und die höhere Lichteinstrahlung zu diesen Wandlungserscheinungen führen. Dann kann man beruhigend mit seinen eigenen Teilbereichen sprechen, so als würde man sich mit einem Kind unterhalten und ihm sagen, dass es sich vor dem Lärm in der Waschanlage nicht zu fürchten braucht. Auch wenn es kurz dunkel wird und Schaum und Wasser auf das Auto prallt, macht dies nichts aus, denn innen ist man stets behütet, nur der Dreck auf dem Äußeren des Autos wird abgewaschen. Auch können die Bürsten einen „Höllenlärm" im Inneren des Autos verursachen, obwohl nur eine Reinigung geschieht. Dieses Bild aus dem Alltag stellt eine gute Analogie für das dar, was gegenwärtig auf dem Planeten Erde vonstatten geht.

Was auch immer Sie gerade erleben, welche Krankheit sie auch immer durchleiden, ob sie eine Operation hinter sich haben, erkältet sind oder sich elend fühlen, die Hilfe aus der geistigen Welt kann über das nachfolgende Gebet sehr viel Gutes bewirken.

Setzen Sie sich bequem hin und lassen Sie nach dem Gebet die Schwingungen der geistigen Welt fließen. Nehmen Sie dankbar die Hilfen an, die Ihnen die Engel des Lichtes schenken.

GEBET FÜR DIE ZEIT DER VERWANDLUNG

Höchste Schöpferkraft,

aus tiefster Seele bitte ich Dich um Gesundheit für meinen Körper und meine Seele.
Bitte stehe mir bei, Altlasten aus früheren Leben liebevoll anzunehmen und zu lösen.
Von Herzen bitte ich Dich, mein ganzes Wesen zu stärken, damit notwendige Verarbeitungen kraftvoll abgelöst werden können und bald wieder Gesundheit einkehren kann.
Mein Bewusstein weiß, dass Du in Deiner Liebe einen gesunden Körper und einen gesunden Geist für uns vorgesehen hast. Tief empfinde ich die Liebe Deiner Fürsorge und lege mein ganzes Sein in Deine heilenden Hände.

Bitte lasse die Engel der Heilung strahlend ihre helfenden und schützenden Schwingen über mich ausbreiten, damit Ihre Hilfe und Ihre Kraft zu mir fließen kann.
Bitte schenke mir Weisheit, damit ich eventuell notwendige Schritte erkennen kann und schenke mir Vergebung, wenn meine Seele noch vergeben muss.
Bitte erfülle mich mit der Gnade Deiner Liebe, damit auch ich allen vergeben kann, und lasse meine Seele gesunden, damit sie ein lichtvoller Träger Deines großen Planes sein kann.

Von Herzen danke ich Dir für Deinen Beistand und fühle mich von Deiner Liebe getragen.

20.

AURA-SCHUTZ BEIM ARZTBESUCH

Bei diesem Bereich gibt es verschiedene Arten von Schwingungen zu unterscheiden. Zum einen ist es das Krankheitsfeld als solches, welches in manchen Bereichen zu einem eigenständigen Wesen mutiert ist, dann sind es die Felder, die sich im Wartezimmer befinden oder die energetischen Hinterlassenschaften, die von anderen Patienten in der Arztpraxis in das energetische Schwingungsfeld eingeprägt worden sind.

Als *Krankheitsfeld* bezeichnen wir auch Felder, die derartig an Stärke zugenommen haben, dass schon beim bloßen Akzeptieren einer solchen Krankheit alle Symptome, bis zum Tod, reproduziert werden können, obwohl sie real gar nicht vorhanden ist. Auch scheint es manchen Therapeuten zu gefallen, schwerwiegende Diagnosen zu stellen und sich in der Angst der Patienten zu weiden. Sie genießen ihre scheinbare Größe in dieser Notsituation, in welcher der Patient sich voller Schrecken allen Vorgaben unterordnet, die ihm dann vorgegeben werden.

Es gibt ein dramatisches Beispiel von einem Fall in Amerika, bei dem einem Patienten von einem Arzt eine bestimmte Krebs-Diagnose mitgeteilt wurde. Dieser Krebs ist im Allgemeinen sehr aggressiv, löst bestimmte Symptome im Körper aus und führt meistens sehr schnell zum Tode. Dieser Patient nun entwickelte in ziemlich rascher Abfolge nach der Diagnose die entsprechenden Symptome und verstarb auch an deren Folgen. Als man bei der postmortalen Untersuchung den Körper öffnete, wurde deutlich, dass der Patient an dieser Erkrankung überhaupt nicht litt. Er hatte überhaupt keinen Krebs! Allein der Glaube und die Energie dieser Krankheit lösten den todbringenden Prozess aus.

Es kann aber auch geschehen, dass alleine die Angst und das dauernde Denken an eine bestimmte Krankheit diese tatsächlich anzieht, da sie sich über den Körper ausleben möchte. Dann erkennt man in der Aura ganz bestimmte Zusammenballungen, die nichts anderes im Schilde führen, als den jeweiligen Menschen auch in dieser Energie zu halten. Sie ernähren sich von derartigen Situationen und möchten natürlich nicht, dass der Betreffende Heilung findet.

Auch brennen sich in das aurische Feld von Arztpraxen mitunter Schmerzfelder, die sich an alle Menschen hängen möchten, welcher sie habhaft werden. Selbstmitleid oder Schuldzuweisungen sind ein guter Nährboden für ein solches Eindringen.

Manche Menschen sind auch einfach gerne krank. Endlich sorgt sich jemand um sie, kümmert sich um sie und sie haben eine gute Ausrede, warum sie dies oder das nicht machen müssen. Sie fühlen sich endlich wichtig und sind mit etwas beladen, das man benennen kann. Manchmal stecken auch tiefe Schmerzen aus der Kindheit dahinter, als sie sich ungeliebt und missverstanden fühlten. Nun, mit der Krankheit, haben sie endlich etwas vorzuweisen, damit sie doch geliebt werden und man Mitleid mit Ihnen haben muss, da sie so krank sind. Der Körper wird dann solch einem inneren Herzenswunsch bald alle Symptome liefern, die der Mensch „bestellt" hat, um die Krankheit zu bekommen.

Auch das Sich-Dagegen-Wehren oder der Unmut, der sich im Verlauf einer schweren Karma-Verarbeitung im Menschen breitmachen kann, ziehen niedrige Schwingungen an und fördern den Eigenwillen, der nicht einsieht, dass er eine solche Prüfung zu bestehen hat. Hier ist Demut gefragt und die Bereitschaft, die eigenen Verarbeitungen auch anzunehmen. In seiner Grundstruktur möchte jeder Körper gesund sein, doch kann er das nicht, wenn der Mensch alte Belastungen mit in die Inkarnation bringt oder Veränderungen einsetzen. Dann ist er bereits mit den Energien belastet und bekommt zusätzlich noch den Unmut und die dunklen Energien von Ablehnung und Starrsin aufgebürdet, die der Mensch in seiner Ablehnung produziert.

Würde der Mensch seine Organe liebevoll annehmen und sie mental und emotional in ihrer Arbeit stärken, ihnen lichtvolle Energie zufließen lassen und sie loben, hätte es der Körper entschieden leichter. Liebe hilft heilen, Ablehnung fördert die Blockade. Dankbarkeit lässt die höheren Energien fließen, Zorn verhärtet die Schwingungen.

So können sich neben allen weltlichen Krankheitserregern auch eine Unmenge feinstofflicher Krankheitserreger in der Aura einer Arztpraxis befinden, auch wenn der Arzt liebevoll und gerne seiner Arbeit nachgeht. Manchmal hängen sich solche Gedankenformen an den äußeren Aura-Rand und warten nur auf eine Gelegenheit, um bei einer Schwäche oder Verdunkelung durch negative Emotionen eindringen zu können.

Das folgendes Gebet kann die Aura schützen:

AURA-SCHUTZGEBET

Höchste Schutzkraft, vollendete Liebe,

*aus tiefstem Herzen bitte ich um den Segen Deines Schutzes,
damit nichts Fremdes in mich eindringen oder sich in meiner
Aura festsetzen kann.*

*Bitte erfülle mich mit der Kraft Deines Segens, damit die
Schutzkraft von innen nach außen meine Energiefelder reinigt
und stärkt und vor allem meinen hinteren Aura-Bereich
intensiv vor allen Zugriffen schützt.*

*Dankbar spüre ich, wie die Kraft mein Wesen durchdringt und
weiß, dass Deine Liebe stets mit mir ist.
Keine Sorge und kein Hader sollen mein Wesen erschüttern,
und die Liebe soll stark in meinem Inneren strömen.*

*Bitte führe die Ärztin oder den Arzt im Sinne Deiner Liebe,
damit sie mit der richtigen Intuition und der kraftvollen
Energie die Symptome richtig einschätzen können und die
weltliche Hilfe über sie zu mir strömen wird.*

*Bitte hilf mir auf diesem Weg der Aufarbeitung und stärke
meine Wahrnehmung, damit ich stets das Richtige tun kann.*

Mit allen Fasern meines Seins danke ich Dir.

21.

AURA-SCHUTZ BEI OPERATIONEN IM KRANKENHAUS

Man könnte meinen, dass auch in diesem Fall das Gebet aus dem vorigen Kapitel beim Arztbesuch das Richtige ist, doch können wir im Krankenhaus noch einige andere Situationen wahrnehmen.

Da die meisten Krankenhausaufenthalte mit Operationen einhergehen, geht es vor allem auch um den kompletten Schutz des Körpers vor Zugriffen aus den feinstofflichen Bereichen innerhalb der Narkose. In der Narkose wird die Seele regelrecht aus dem Körper katapultiert, und manchmal kann es vorkommen, dass der energetische Schutz dadurch zerrissen wird. Dann wird es zahlreichen Wesenheiten möglich einzudringen, da sie einen ungenutzten „Wohnort" vorfinden, in dem man sich nach ihren Vorstellungen endlich wieder ausleben kann. Solche belagerten Menschen fühlen sich dann in ihrem Wesen nach einer Operation vollständig verändert und wissen gar nicht, wie ihnen geschieht. Sind auch die Ärzte überfordert, stehen unter emotionalem Druck oder ist der Narkosearzt innerlich wütend, entfällt auch dieser Schutz von den umgebenden Menschen, und die niederen Energien haben leichtes Spiel. Doch auch bei einer Narkose kann ein Schutz aufgebaut werden.

Im Krankenhaus sind die Krankheitsfelder besonders stark, und sehr viele energetische Schutzfaktoren sind ausgeschaltet.

Zu viel Schmerz hat sich dort angesammelt, und es ist meist niemand da, der die Räume energetisch reinigt und den lichtvollen geistigen Helfern die Tore öffnet.

Das manifestiert sich immer auch im Äußeren. In den meisten Fällen, egal in welchen Bereichen man schaut, zeigen sich in den äußeren Auswirkungen der Welt immer auch die entsprechenden Vorgänge. Im Krankenhaus machen sich beispielsweise immer mehr Erreger breit, gegen die kein Antibiotika mehr nützt. Sie sind immun gegen jegliche Stoffe und können sich dadurch immer mehr ausleben. Die Ärzteschaft weiß nicht mehr, wie sie dagegen vorgehen kann. Es sind Keime, gegen die kein „Kraut mehr gewachsen" ist und keine Chemie mehr hilft.

Auch wenn die Aussagen in diesem Kapitel den Anschein erwecken mögen, dass ein Krankenhaus nur einen Quell von Unbehagen oder negativen Energien bildet, ist dies ganz und gar nicht der Fall. Die materielle und körperliche Hilfe, die in einem Krankenhaus für den Menschen bereitgestellt wird, verdient große Achtung. Viele Ärztinnen, Ärzte, Krankenschwestern, Pflegerinnen und Pfleger bemühen sich redlich, Impulse der Liebe zu setzen und geben alles, was ihnen möglich ist. Ohne Krankenhäuser wären wir arm an Hilfe. Es bemühen sich auch auf der geistigen Seite Wesenheiten um den rechten Impuls und die rechte Führung innerhalb eines Krankhaus-Alltages. Leider wird diesen Lichtwesen zu wenig Beachtung geschenkt und ihnen somit die Tore nicht weit genug geöffnet, welche ihnen den Einlass in unsere Welt des Eigenwillens ermöglich würden. Hier kann das Gebet viel Unterstützung auslösen.

Im feinstofflichen Bereich eines Krankenhauses befinden sich nicht selten ganze Horden von Energiewaben, die sich von

Schmerzen, Leid und Hader ernähren und die sogar die Gefühle der Menschen anstacheln können, beispielsweise in Selbstmitleid zu verfallen oder sich abgeschnitten von der göttlichen Führung zu fühlen. Dann haben sie besseren Zugriff und missbrauchen die Schwäche der Menschen.

Auch halten sich in den meisten Krankenhäusern Seelen auf, die ihre Körper dort verlassen haben, aber noch nicht wissen, was mit ihnen geschehen ist. Sie befinden sich in den nahen Astral-Ebenen und versuchen immer wieder, sich verständlich zu machen. Erlebte Schocks oder plötzliche Unfalltode sowie Unmut und Zorn nach schweren Krankheiten lassen manche Seelen in den Krankenhäusern zurückbleiben. Sie gehen nicht weiter und reagieren auch nicht auf die Impulse ihrer Schutzengel, die ihnen sofort den Weg weisen würden, wenn sie ihn suchen und annehmen wollten.

Manchmal sind es nur abgespaltene Seelen-Aspekte, die in einer Art Umnachtung immer noch dort umherirren. Man kann dies gut daran erkennen, dass diese Abspaltungen in der hellsichtigen Wahrnehmung mit geschlossenen Augen umherlaufen und nicht auf ein Ansprechen reagieren. Dann fällt es besonders schwer, mit ihnen zu kommunizieren. Doch auch hier muss der freie Wille akzeptiert werden, und es gilt zu warten, bis das Wesen die notwendige Kraft findet oder aus ihrer Umkreisung erwacht.

Auch sehr viele schmerzhafte Felder befinden sich in einem Krankenhaus. Menschen erleben hier mitunter starke körperliche Schmerzen und machen eine schwere Zeit durch. Man muss das Krankenhauspersonal und die Ärzte wirklich bewundern, wenn sie liebevoll und mit viel Einsatz sich tagtäglich um die Krankheiten der Menschen kümmern. Krankheit kann jeden

Menschen treffen, wenn es die Aufgabe erfordert, auf diese Art und Weise Altlasten abzutragen oder neue Strukturen zu erschaffen. Man sollte sich vor einer Aussage bewahren, dass man denkt, jeder, der krank ist, sei selber schuld daran.

Nicht immer sorgt eine durchlebte Krankheit auschließlich für die Klärung einer einzelnen Person. Mitunter werden ganze Familienfelder dadurch zur Auflösung gebracht oder ganze Menschengruppen, die sich in vergangenen Leben eingeschworen hatten, können befreit werden. Auch alte Glaubensgemeinschaften oder magische Ritualfelder können von einem Einzelnen für viele andere abgetragen werden. Diese Vorgaben werden vor dem jeweiligen Leben auf der Seelenebene geplant und erfordern ein hohes Maß an Demut und Nächstenliebe von dem Menschen, der in seiner Inkarnation diese Aufgabe übernimmt. Durch solch einen Liebesakt können sich mitunter viele Seelen von irdischen Fesseln befreien, und eine große Freude erfüllt sie. Der Mensch auf der Erdenebene leidet immer, doch manchmal weiß er in seinem Inneren, dass seine Krankheit einen Sinn hat und er nicht umsonst leidet.

So kann das nachfolgende Gebet für einen selbst oder für andere Menschen genutzt werden, damit dieser in der Zeit eines Krankenhaus-Aufenthaltes gut geschützt werden kann. Konkret können einfach die entsprechenden Namen eingesetzt werden.

GEBET ZUM SCHUTZ IM KRANKENHAUS

Höchste Schutzkraft,

mit allen Fasern unserer Seele bitten wir um Schutz für diese Zeit im Krankenhaus.

Bitte erfülle mich mit der lichtvollen Kraft Deines unendlichen Schutzes, damit nichts Fremdes in mich eindringen kann und meine Aura intensiv geschützt wird.
Bitte schütze in besonderer Weise auch den rückwärtigen Bereich meiner Aura, damit sich nichts unbemerkt festsetzen und im Laufe der Zeit durchdringen kann.

Bitte gib mir die notwendige Kraft, damit ich diese Situation gut durchleben und den Anforderungen gerecht werden kann.
Erfülle mich mit Güte, damit ich annehmen kann,
schenke mir Weisheit, damit ich erkennen kann,
Vertrauen, damit ich Dich stets fühlen kann
und erfülle mich mit Kraft, damit ich alles bewältigen werde.

Bitte bewahre mich in der Narkose vor allen Gefahren und leite die Hände der Ärzte, damit Deine Liebe die Führung übernimmt und Deine Weisheit alle helfenden Menschen und Wesen um uns inspiriert.

Bitte bewahre mich vor allen fremden Wesen und schenke ihnen Deine Liebe, damit sie bald erkennen und ihren weiteren Weg finden können.

So fühle ich Deine Nähe und weiß mich behütet in Deiner Liebe.
Von Herzen danke ich Dir.

22.

AURA-SCHUTZ BEI UNLIEBSAMEN NACHBARN, NEIDERN ODER NEGATIVEN MENSCHEN

Es liegt auf der Hand, dass bei diesem Themenfeld die Ursachen und Umstände vielgestaltig sein können. Neidische Nachbarn können beispielsweise mit ihren Blicken sehr viel negative Energie durch die Fenster in das Nachbarhaus bringen. Das kann so weit führen, dass sich mit der Zeit Elementale im Haus entwickeln, welche die Bewohner innerlich aufhetzen und auf diese Art und Weise sogar einen Streit heraufbeschwören können. Dies ist dann letztlich die Entladung all der negativen Energie, die in das Innere des Hauses projiziert wurde.

Es gibt tatsächlich Menschen, die von solcher Negativität erfüllt sind, dass sie sich gleichsam über alle Menschen auslassen, ohne mit ihnen karmisch verknüpft zu sein. Allerdings sollte man als Betroffener immer die Möglichkeit offen lassen, dass man vielleicht doch noch etwas mit dem Gegenüber abzutragen hat oder man an den eigenen Wertvorstellungen arbeiten muss. Zugleich sollte man gewisse Vorstellungen loslassen oder vielleicht sogar eigene Wertungen, die das Gegenüber unbewusst spürt und darauf reagiert.

Wirkliche Neider findet man jedoch leider überall, und jeder Mensch, der sich etwas Schönes erschaffen hat oder sonstige Vorteile genießt, hat daher schnell die Neider auf seiner Seite.

Sehr viele Menschen sprechen nur über ihre Krankheiten oder über Negatives, das ihnen zugestoßen ist. Sie sehen gar nicht mehr, dass ihr Leben auch etwas Schönes zu bieten hat und haben sich in den Energien der Negativität verfangen. Nach einiger Zeit hängen sich dann so viele gleichgeartete Energiestrukturen in die Aura eines solchen negativen Menschen, dass man glaubt, dieser „passe durch keine Tür mehr", da die Dichte und Dunkelheit der Aura ein gewaltiges Ausmaß erreicht hat.

Es ist nicht selten zu beobachten, dass die Energien stark genug sind, um sogar einen Menschen zu übler Nachrede aktivieren zu können, der ansonsten nicht schlecht über andere Menschen spricht und eher positiv ausgerichtet ist. Weist er jedoch immer noch einen kleinen Rest in seiner Aura auf, der noch nicht stabil ist oder sich in dieser Ausrichtung befindet, wird er aktiviert, und ehe man sich versieht, wird er lebendig. Reuevoll erkennt man meist im nachhinein, was geschehen ist.

Manche Menschen sind so stark auf sich selbst fixiert, dass man mit ihnen kein wirkliches Gespräch führen kann. Kaum erzählt man etwas, wird dies nicht wirklich angenommen und gehört, sondern dazu genutzt, um das eigene Thema ins Spiel bringen zu können. Jeglicher Gesprächsinhalt wird dann nur auf diese Person bezogen, und man hat nach einem solchen Gespräch das Gefühl, man wäre benutzt worden, damit der andere reden und sich profilieren konnte, aber man selbst hatte nichts zu melden. Das hinterlässt stets einen faden Nachgeschmack auf der Gefühlsebene. Man mag mit solch einem Menschen dann nur noch im Notfall sprechen.

Das folgende Gebet kann einen liebevollen Aura-Schutz aufbauen.

SCHUTZGEBET VOR ALLGEMEINER NEGATIVITÄT

Höchste Lichtkraft,

mit der aufrichtigen Bitte um Deinen Segen lege ich mein Sein in Deine Hände.
Bitte schenke mir den Schutz Deiner Liebe, damit nichts Negatives meine Aura und alle meine Lebensbereiche durchdringen kann.

Bitte erlöse mich von allen alten Blockaden und schenke mir Vergebung und Liebe.
Möge Deine Liebe mein Wesen durchfluten und in dieser Liebe auch auf mein Gegenüber einwirken.

Sollte noch Liebloses meine Seele durchdringen oder Altes auf Erlösung warten, bitte ich von Herzen um Deinen Beistand, damit es bald verarbeitet wird.
Dankbar fühle ich, wie die Wogen Deiner Liebe aus meinem Herzen fluten und mein ganzes Sein mit Deiner Nähe schützen.
Mein Herz fühlt Deine Kraft und weiß, dass Du immer mit mir bist.

Deine Liebe ist das höchste Gut, Dein Segen die höchste Kraft.
Von ganzem Herzen danke ich Dir für Deine Kraft und Deinen Schutz.

23.

AURA-SCHUTZ AN DER ARBEITSSTELLE

Viele Menschen klagen momentan über einen extremen Energiemangel. Sie gehen morgens noch relativ normal zur Arbeit, doch bereits nach kurzer Zeit lässt ihre Vitalität deutlich nach. Kommen sie abends nach Hause, ist nicht ein Funken Energie mehr übrig, um noch etwas unternehmen oder um zu Hause arbeiten zu können. Mühsam schleppen sie sich durch ihre Arbeitspflicht und sind nur noch froh, am Abend auf das Sofa zu können.

Es gibt mitunter nicht einmal wirklich große Probleme am Arbeitsplatz, sondern „nur" das ganz normale Chaos. Manche gehen sogar sehr gerne zur Arbeit, aber dennoch ist der Energieverlust extrem hoch, und es bleibt kaum noch etwas Unternehmungsgeist für das Privatleben übrig.

Das folgende Beispiel gibt dafür einen guten Beleg.

Sandra arbeitet als Masseurin in einer großen Stadtpraxis und ist sehr froh, diese Arbeitsstelle bekommen zu haben. Sie geht gerne zur Arbeit und kommt auch mit ihren Kolleginnen und Kollegen recht gut aus. Dennoch spürt sie in letzter Zeit deutlich, dass sie sich am Abend wie ausgesaugt fühlt. Oft spürt sie bereits nach dem dritten Patienten, wie ihre Arme an Schwere zunehmen und eine bleierne Müdigkeit sich über ihren ganzen Körper auszubreiten beginnt. Ihr Elan lässt nach, doch sie rafft sich täglich auf, um den Ansprüchen gerecht zu werden.

Sie hat das Gefühl, dass manche Patienten ihr einen Großteil ihrer Lebenskraft rauben. Meist klagen diese über all das Übel, das ihnen begegnet, wie schlecht die anderen Menschen seien, wie krank sie selbst sind und dass eigentlich niemand dies anerkennt. Mit der Zeit spürt sie deutlich, dass vor allem diese klagenden und mürrischen Menschen ihr die Kraft rauben. Sie versucht, sich im Gespräch nicht auf diese negative Ebene herabziehen zu lassen und schon gar nicht einzustimmen, wenn über andere Menschen schlecht gesprochen wird. Auch fühlt sie deutlich, dass manche Menschen mit der eindeutigen Einstellung zu ihr kommen: „So, der lege ich jetzt alles auf den Tisch, die soll mich wieder richten!" Den Berg von unerlöster Energie, der dann vor ihr liegt, glaubt sie geradezu mit Händen greifen zu können. Sie muss ernsthaft an sich selbst arbeiten, damit sie nicht in Zorn gerät oder gar ihren ganzen Beruf in Frage stellt und ablehnt, nur wegen dieser negativen Menschen, die ihren gesamten Müll auf ihre Schultern legen möchten.

Sandra befasst sich bereits seit längerem mit den feinstofflichen Hintergründen des Lebens und weiß, dass sie mit ihren Händen direkt in das aurische Feld des Patienten hineingreift, den Körper, die Ätherebene und meist auch das energetische Krankheitsfeld berührt und dadurch aufgerufen ist, dieses energetisch abzulösen und daran zu arbeiten. Das macht sie auch gerne, und viele Menschen sind ihr dankbar, doch in manchen Fällen wird sie völlig von der Negativität überflutet, und die Grenzen ihrer Kraft werden überschritten.

Vor allem Menschen, die sich geistig weiterentwickelt haben, sind zurzeit aufgerufen, an den allgemeinen energetischen Verarbeitungen mitzuwirken. Das kann für den Menschen gegenüber sein, aber auch ein kollektives Feld betreffen, welches sich in der Auflösung oder Umprogrammierung befindet. Durch das persönliche Energiefeld wird dann negative Kraft umgewandelt, was mitunter sehr anstrengend sein kann. Deshalb ist es nicht verwunderlich, dass die Anforderungen an das persönliche Kraftreservoir stark zugenommen haben.

Auch das nachfolgende Beispiel zeigt dies deutlich auf.

Johannes ist in seiner Arbeit mit einem ganz typischen Problem konfrontiert. Er ist in der Reparaturannahme eines großen Elektrogeschäftes tätig und hat täglich nur mit Problemfällen zu tun. Er spürt die zunehmende Aggression vieler Menschen und wird manchmal von der Negativität, die über ihn ausgeschüttet wird, regelrecht erdrückt.

Er möchte eigentlich nur helfen und versteht auch, wenn Menschen ärgerlich sind, doch kann er den täglichen Energiebedarf kaum mehr aufbringen. Er ist ein gutmütiger und ruhiger Mann, und sein persönliches Ausstrahlungsfeld ist entsprechend lichtvoll. Kommt er dann mit Menschen zusammen, die sich gerade in den düsteren Wolken von Emotionen oder persönlichen Verarbeitungen befinden, wirkt dies auf ihn besonders unangenehm und belastend, da der Gegensatz dieser jeweils auf ihn einwirkenden Schwingungen extrem ist und sein Feld durch die dichte und dunkle Energie beim Gegenüber beinahe eine Art Schock erlebt. Sein Energiesystem benötigt dann eine Menge Kraft, um wieder sein ursprüngliches Feld herzustellen. Kommen dann in kurzen Zeitabschnitten mehrere Menschen auf ihn zu, die sich in einer niedrigeren Schwingung befinden, schafft es sein System nicht mehr, das ursprüngliche Niveau zu erreichen. Nach kurzer Zeit ist er völlig erschöpft.

Viele Lehrer/innen sehen sich mit einer sehr problematischen Schulenergie konfrontiert. Die Unruhe nimmt stetig zu, Konzentrationsschwierigkeiten sind an der Tagesordnung und die Aggression und Streitsucht mancher Kinder untereinander ist für sie kaum mehr ertragbar. Hier zeigt sich deutlich, mit welchen Emotionen schon die Kinder belastet sind, was nicht selten zu Überforderung führt und ein ruhiges Miteinander extrem erschwert. Vor allem die Kinder empfinden neben den persönlichen Problemen auch die zunehmende kollektive Aggression. Da Kinder zudem noch sehr leicht von negativen Wesenheiten und dunklen Energien beeinflusst werden können, da sie ihr Seelenkraftpotenzial noch gar nicht entfaltet haben, wird es für sie ganz besonders schwer.

In jeder Berufssparte erleben wir gegenwärtig beunruhigende Veränderungen, gleichgültig ob man im Verkauf tätig, selbstständig oder angestellt ist, als Dienstleister arbeitet oder die Leitung eines Konzerns innehat, überall nehmen Aggression und Unmut zu, und nur noch selten sind Arbeitsstellen anzutreffen, in denen eine ruhige und lichte Atmosphäre herrscht.

Es kommt auch vor, dass Menschen, die verstärkt am Computer arbeiten, von Energien, die über dieses Medium wirken möchten, manipuliert oder ihrer Energie beraubt werden. Räume, in denen viele Maschinen laufen, können sich mit der Zeit negativ aufladen.

Vorgesetzte, denen es nur um Macht und Umsatz geht, können eine zutiefst erschöpfende und lieblose Atmosphäre verbreiten. Auch Waren, die einen langen Weg hinter sich haben, können destruktive Energien tragen und das Aura-Feld belasten. Die Vielfalt der Möglichkeiten ist groß, deshalb wird das folgende Gebet sehr viele Bereiche umfassen:

GEBET FÜR DEN ARBEITSPLATZ

Höchste Schöpferkraft,

aus tiefstem Herzen bitte ich Dich um Schutz und Segen für meine Arbeit.
Bitte erfülle mich mit dem Licht Deiner Liebe, damit ich geschützt und gestärkt bin, um meine Arbeit positiv und liebevoll erledigen zu können.

Bitte erfülle den Raum um mich mit dem Segen Deiner Liebe, damit die Unruhe sowie die negativen Gefühle und Gedanken meiner Mitmenschen gewandelt werden in Deine Ordnung.

Voller Liebe fühle ich, wie die Schutzwellen Deiner Liebe aus meinem Herzen pulsieren und meine Aura von innen nach außen erfüllen. Dies beschützt mich und lässt alles Negative abprallen.
Von Herzen bitte ich Dich, alle negativen Energien umzuwandeln in Deine Liebe, Dein Licht und Deine Harmonie.

Wenn meine Seele es wünscht, werde ich im gegenwärtigen Geschehen meinen Teil zur großen Wandlung beitragen. Ich bitte jedoch gleichzeitig darum, all die Energien, die nicht zu mir gehören, von mir zu weisen, damit nicht Fremdes durch mich genährt wird.
Bitte befreie mich von allen negativen Einflüssen und schütze mich, damit ich Dir kraftvoll dienen kann.

Aus tiefstem Herzen danke ich Dir und allen Engeln, die Deinen Willen ausführen.

Es ist nicht immer praktikabel, sich dieses Gebet aufzuschreiben und während der Arbeit zu lesen, deshalb kann im Bewusstsein, dass das oben genannte Gebet in den nachstehenden Worten enthalten ist, in einer stillen Minute dieser liebevolle Gedanke an die geistige Welt gesandt werden.

Höchste Schöpferkraft,
bitte reinige mich, führe mich, schütze mich.
Mein Herz sei mit Dir. Danke.

Besonders nach der Arbeit, wenn die Aura mitunter von negativer fremder Energie belastet ist, bietet sich ein Reinigungsgebet als besonders sinnvoll an. Dies hilft auch, den persönlichen Energiepegel wiederherzustellen und die Energieschwankung auszugleichen, die sich im Laufe des Tages ergeben hat.

Auch in diesem Abschnitt behandeln wir wieder die negativen Aspekte von Arbeitsstellen, daher soll hier immer wieder betont werden, dass alle Beispiele in diesem Buch dazu dienen mögen, eventuell vorhandene Störungen zu erkennen und wahrzunehmen, in keinem Fall ist grundsätzlich davon auszugehen, dass überall nur Unfrieden herrscht oder Probleme vorhanden sind. Jeder, der sich im Moment in der Welt umschaut, wird wohl ein erhebliches Maß an Unordnung finden und sich entsprechend schützen wollen, doch nehmen auch die Liebe und das Licht stetig an Kraft zu. Daran sollten wir uns alle orientieren und um den Schutz der geistigen Welt, um die Führung der Lichtkräfte und um die Kraft Gottes bitten.

Da über Hände und Füße ebenfalls sehr viel Energie abgeleitet werden kann, ist es mitunter sinnvoll, die Hände einige Minuten unter kaltes Wasser zu halten und darum zu bitten, dass die Kraft des Wassers alles Negative abwäscht. Ein Spaziergang in der Natur wäre natürlich das Optimum, dazu tiefe Atemzüge und das bewusste Wahrnehmen der Heilkraft der Natur.

Die Kräfte der Natur lassen sich besonders intensiv aufnehmen, indem man barfuß auf einer Wiese oder im Gras geht, im Wasser schwimmt, in den Bergen wandert oder die Bäume umarmt. All dies kann auch in Gedanken getan werden, wenn es im Arbeitsprozess nicht möglich ist. Danken Sie dem Feuer, der Erde, dem Wasser und der Luft für ihre Ordnungskraft und schenken Sie den Elementen Ihre Liebe.

Das folgende Gebet ist als Reinigungsgebet sehr sinnvoll. Setzen Sie sich daher am Besten einige Zeit bequem hin und atmen Sie vor dem Gebet einige Male tief ein und aus. Bleiben Sie danach noch einige Minuten ruhig und liebevoll sitzen und lassen Sie die Energien fließen.

REINIGUNGSGEBET

Höchste Schöpferkraft,

*aus tiefstem Herzen bitte ich Dich um Reiniung meines
gesamten Energiesystems.*
*Bitte durchdringe mein Wesen mit Deiner Liebe und lasse alles
Fremde weichen, was nicht zu mir gehört.*

*Bitte hilf mir, mein persönliches Energieniveau
wiederherzustellen und durch die Kraft Deiner Liebe und
Fürsorge das Band zu Dir zu erneuern und zu verstärken.*

*Sollten sich negative Verbindungen ergeben haben, bitte ich
Dich um ihre Ablösung und die Klärung meiner Aura.*
*Bitte erfülle mein Herz mit Deiner Liebe und mein Wesen mit
Deiner Kraft.*

In tiefer Hingabe fühle ich Deine Nähe und spüre Deine Hilfe.
Von Herzen danke ich Dir.

24.

AURA-SCHUTZ BEI MOBBING

Nicht immer haben Menschen, die vom sogenannten Mobbing beeinträchtigt werden, auch gleichzeitig altes Karma abzutragen. Man neigt vielleicht dazu zu meinen, dass Menschen, denen so etwas passiert, auch die Resonanzen in ihrer Aura tragen müssten, ansonsten dürfte ihnen so etwas nicht widerfahren. Doch so einfach stellt sich das bei genauer Betrachtung nicht dar.

Mitunter sind gemobbte Menschen sehr harmoniebedürftig. Manche möchten es im Grunde allen recht machen, andere wiederum stoßen bei ihren Kollegen auf große Widerstände, da diese mitunter spüren, dass das Gegenüber wesentlich mehr aus seinem Leben machen möchte oder sogar beruflich wesentlich mehr fachliche Kompetenz vorzuweisen hat. Auch Menschen, die bereits ein gewisses Maß an Bewusstsein entwickelt haben und nach einer höheren Wahrheit streben, lösen manchmal bei anderen Menschen die unbewusste Erkenntnis aus, dass diese auch etwas tun müssten, liebevoller sein oder einige Dinge in ihrem Leben verändern sollten. Angstvoll versuchen solche in ihrem Inneren aufgewühlte Menschen dann, ihre Position zu bewahren und ihr Verharren zu rechtfertigen. Sie wissen sich in ihrer Starre und Unbewusstheit oftmals nicht anders zu helfen, als Negativität einzusetzen, um den „Herausforderer" in einem schlechten Licht dastehen zu lassen.

Im nachstehenden Beispiel kam allerdings wirklich altes Karma zur Aufarbeitung.

Klara hatte sich bei einer neuen Stelle beworben und diese zu ihrer Freude auch bekommen. An ihrem neuen Arbeitsplatz traf sie auf eine Frau, die in ihrem früheren Leben ihre Schwester war. Beide hatten sich damals um das Familienerbe gestritten. Sie konnten im damaligen Leben keinen Frieden schließen und verließen die weltliche Ebene, ohne auch nur im Ansatz an Vergebung oder Ausgleich gearbeitet zu haben. So blieben starke Antipathien und Aggressionen aus dem alten Leben übrig. Klara spürte es vor allem deshalb, da jedesmal, wenn sie die Kollegin sah, in ihr solch eine Wut entbrannte, dass diese unmöglich aus diesem Leben stammen und nur auf ihre jetzige Abneigung zurückgeführt werden konnte. Sie wusste, dass immer dann, wenn Emotionen im eigenen Inneren aufgewirbelt werden, diese mit großer Wahrscheinlichkeit mit einem selbst zu tun haben.

Da sie einen ähnlichen Zorn in sich spürte, wie sie ihn auch bei ihrem Gegenüber wahrnahm, wurde Klara schnell klar, dass sie nicht nur Opfer war. Sie hatte in diesem früheren Leben selbst viele negative Emotionen erzeugt. Selbst vor Verwünschungen gegen das verhasste Gegenüber hatten beide nicht zurückgeschreckt. Dies galt es jetzt abzubauen.

Leider hatte die Kollegin, aufgrund ihrer Position in der Firma, zuerst einmal die „besseren Karten", da sie ihre befreundeten Kollegen gegen Klara aufhetzen konnte. Doch Klara wusste, dass nur Liebe und Vergebung solche alten Felder aufzulösen vermochten, und sie bemühte sich, mit den Emotionen in ihrem Inneren umzugehen und keinen neuen Zorn und Hass mehr zu entwickeln. So etwas ist nicht leicht, da die Emotionen schnell große Macht über den Menschen erlangen. Nur bewusstes Wahrnehmen und der tiefe Wunsch um Wandlung und Klärung, was allein mit dem entsprechenden Bewusstsein einhergeht, bringt die Ablösung und das Ende der karmischen Verwicklungen.

Es ist immer sinnvoll, grundsätzlich offen zu lassen, ob man selbst noch in seinem Inneren alte Missstimmigkeiten und emotionale Belastungen aufzuräumen hat, auf die das Gegenüber reagiert. Manchmal fällt es schwer, sich einzugestehen, dass man selbst noch Zorn und Hader in sich trägt, doch gerade das Zulassen und Erkennen fordert ein hohes Maß an Disziplin und innere Größe. Die Arbeit an sich selbst und den manchmal uralten Emotionen zählt zum Schwersten, was es auf dieser Welt zu leisten gibt. Jemand, der immer nur gut dastehen will und diese Altlasten nie betrachtet, kann nicht wirklich weiterkommen oder sich zu höheren Gefilden aufschwingen. Er wird immer in seinen alten, unveränderten Strukturen verharren und vielleicht mit viel Schein und einem aufgeblasenen Ego in den Augen der Welt gut dastehen, aber tatsächlich leistet er für sein eigentliches Wesen nichts.

Im nächsten Beispiel zeigte sich erst nach mühevoller und schmerzlicher Suche eine ganz andere Ursache.

Holger war bereits seit siebenundzwanzig Jahren in einem Modehaus beschäftigt und sehnte sich schon lange nach einer neuen Herausforderung. Doch er wagte es nicht, tatsächlich einen neuen Schritt zu unternehmen. Er kannte seinen jetzigen Chef sehr gut, war sogar mit ihm befreundet und glaubte, diesem keine Kündigung vorlegen zu können. Zudem hatten er und seine Frau ein kleines Haus gekauft, mit einem Garten für ihre beiden Kinder, welches es abzuzahlen galt. Er konnte sich also keinen Gehaltsausfall leisten, der sich bei einem Arbeitsplatzwechsel eventuell ergeben würde. So unterdrückte er seine inneren Gefühle, um diesen Schmerz nicht fühlen zu müssen, nämlich eine andere Tätigkeit finden zu wollen, aber vielleicht nicht zu können. Immer wieder arbeitete es in ihm, da auch seine geistige Führung ihm entsprechende Hinweise geben wollte. Doch er unterdrückte geflissentlich alles, in dem festen Glauben, dies würde nur seinem Ego entspringen.

Dann wurde ein neuer Mitarbeiter eingestellt, der Holger eine sehr schwere Zeit bescherte. Er sprach schlecht über ihn und hänselte ihn sogar auf eine primitive Art und Weise. Holger hatte das Gefühl, dass er sogar seinen Chef, der sein Freund war, gegen ihn aufzuhetzen vermochte. Als dann noch die bevorstehende Beförderung ausblieb und der neue Kollege diese erhielt, brach alles Verdrängte schmerzhaft aus ihm heraus, und er wusste, jetzt war es Zeit zu gehen.

So schmerzhaft hätte es nicht kommen müssen. Nicht jede Veränderung oder Neuorientierung erfolgt aus dem Eigenwillen. Manchmal sind Änderungen erwünscht und müssen sogar vollzogen werden, auch wenn man vielleicht jemandem weh tut, in Holgers Fall seinem Chef. Doch ein wirklicher Freund wird verstehen, wenn man ihm sagt, dass man seiner inneren Stimme folgen muss und die vergangene Zeit dankbar geschätzt hat. Glücklicherweise fand Holger bald die Stelle, die für ihn vorgesehen war, und alles fügte sich zum Besten.

Allerdings blieb lange ein bitterer Nachgeschmack an den Kollegen zurück, der ihn so übel gemobbt hatte. Immer wieder träumte er sogar davon und wachte mit diesen schrecklichen Gefühlen am Morgen auf. Sein Unterbewusstsein versuchte, diese negative Wucht von Emotionen aus ihm herauszuarbeiten, was sehr häufig in der Nacht geschieht.

In diesem Fall war das Mobbing der Hinweis aus der geistigen Welt, endlich den inneren Weisungen zu folgen. Unsere helfenden Engel können und dürfen ihre Hinweise nicht auf unsere Wände malen oder auf den Anrufbeantworter sprechen. Wir müssen schon auf unser Inneres hören oder spätestens den Fingerzeigen aus der Außenwelt folgen.

Das nächste Beispiel weist einen ganz anderen Hintergrund auf.

Klarissa wird von der geistigen Welt regelrecht als „Aufrüttler" eingesetzt. Sie ist im Großen und Ganzen eine gefestigte Person, doch bei ihrer letzten Arbeitsstelle hat sie die Wucht von Mobbing und Ablehnung fast aus der Bahn geworfen. In ihrer Aura befinden sich starke Felder, die mit bestimmten Menschen in Resonanz gehen müssen, um diese geistig dazu aufzufordern, ihren Lebensstil zu verändern und den Weg der Nächstenliebe einzuschlagen. Berühren die Felder in ihrer Aura dann einen Menschen, der verhärtet und verkrustet ist und seinen Weg nicht mehr sehen kann, aber dennoch geistig reifen möchte, dann ereignet sich in kurzer Zeit ein Wandel, und nicht selten verbinden Klarissa dann feste Freundschaften mit diesen Menschen. Doch bei ihrem letzten „Auftrag" stieß sie regelrecht auf Granit.

Hier sollte noch kurz hinzugefügt werden, dass sich Klarissa diese Aufgabe willentlich nicht angeeignet hat. Erst nach vielen Jahren wurde ihr von einem hellsichtigen Menschen mitgeteilt, dass ihre geistige Aufgabe das Aufrütteln von Menschen oder verkrusteten Feldern sei. Sie werde immer geführt von der geistigen Welt und müsse einfach den Vorgaben und Führungen folgen, dann sei sie immer auf dem richtigen Weg. Dies war keine leichte Aufgabe, aber es beruhigte Klarissa, da sie endlich verstand, warum sie so oft den Job wechseln musste und mitunter auf so starke Widerstände stieß. Nicht jeder Mensch, schon gar nicht eigenständige Energiefelder oder Gedankenformen, sind bereit, ihren Eigenwillen loszulassen und sich wieder auf den göttlichen Plan einzustellen.

Klarissa wurde auf ihrer Arbeitsstelle so hinterhältig angegriffen, gedemütigt und verleumdet, dass sie glaubte, dieses Mal nicht durchhalten zu können. Da im gegenwärtigen Zeitenwandel die dunklen Kräfte ein solches Energievolumen einsetzen, um ihre energetischen „Zuträger" und „Unterstützer" zu behalten, werden natürlich Menschen, die ihren Egoismus halten möchten, intensiv gefördert. Dann prallen mitunter heftige Wogen der Negativität und Ablehnung auf einen Menschen, der dort eine Änderung herbeizuführen versucht. Es findet ein regelrechter Kampf statt, der enorme Mengen an physischer und feinstofflicher Energie verschlingt.

Doch auch hier gilt es, nicht zu kämpfen. Man muss natürlich nicht alles auf sich sitzen lassen und ist mitunter ja auch aufgerufen, seine Zivilcourage einzusetzen, doch ein *Kampf* mit den dunklen Mächten ist nicht der richtige Weg. Dadurch würde man sich auf deren Energieniveau einlassen und könnte nicht mehr von der lichtvollen geistigen Welt getragen werden.

Klarissa hatte lange Zeit tapfer durchgehalten. Sie konnte gleichzeitig auch an ihren eigenen Schwächen arbeiten und lernen, die Übellaunigkeit ihrer direkten Vorgesetzten, um die es hauptsächlich ging, nicht immer auf sich selbst zu beziehen. Doch zum Schluss wurde es immer schlimmer für sie. Nach zweieinhalb Jahren konnte sie dann endlich gehen. Sie stellte sich in einem anderen Betrieb vor und wurde angenommen, nachdem sie zuvor bereits sechs Absagen aus verschiedenen Branchen erhalten hatte. Leider konnte Klarissa dieses Mal ihren „Job" nicht erledigen. Beide Frauen und auch das kollektive Feld der Firma waren nicht bereit, einen liebevolleren Weg einzuschlagen. Sie verließ also den Betrieb, ohne eine Veränderung herbeigeführt zu haben. Klarissa spürte das deutlich und war in ihrem Inneren traurig darüber. Doch entscheidet auch bei solchen Fällen immer der freie Wille des Menschen, und wenn keine Bereitschaft vorhanden ist, muss man lernen loszulassen.

Das Loslassen ist in jedem Fall wichtig, denn man darf keinen Zwang, also keinen energetischen Druck ausüben. Dadurch würde man einen anderen Willen manipulieren, was außerhalb des göttlichen Gesetzes liegt. Es fällt zwar schwer, aber man muss akzeptieren, dass zurzeit viele Menschen nicht den Weg von Harmonie und Liebe einschlagen können. Man kann dennoch sicher sein, dass jeder Versuch, jedes liebevolle Bemühen, in der Aura immer einen Hauch von Licht hinterlässt und irgendwann zum Tragen kommen wird.

Auch das nächste Beispiel lässt einen Hintergrund für Mobbing erkennen.
Für Monika waren die Ursachen dafür aber erst nach langem inneren Suchen erkennbar. Sie sollte ihre Zivilcourage stärken, durchhalten, andere trotz aller Angriffe gelten lassen und so annehmen, wie sie waren. Nachdem sie dies mit vielen Bitten um Segnung für Menschen, die ihr das Leben schwer machten, zu erreichen versuchte, wandelte sich tatsächlich die Situation. Sie wurde immer mehr in Ruhe gelassen. Für die negativen Kräfte war es uneffektiv, da sie keinen Widerstand und keine Kampfenergie bei Monika aktivieren konnten. Daher wurde auch eine Angreiferin von den sie beherrschenden Dunkelkräften nicht mehr animiert, auf Monika loszugehen. Es kehrte Ruhe ein, und Monika konnte endlich angstfrei zur Arbeit gehen.

Es gibt immer wieder verschiedene Hintergründe, die das Mobbing auslösen können. Wichtig ist vor allem, zuerst die Suche im eigenen Inneren zu beginnen. Wo können noch Zorn, Ablehnung oder andere Gefühle wahrgenommen werden, die es zu wandeln gilt. Möchte man von allen geliebt werden? Das würde bedeuten, dass man alten Prägungen hinterherhängt oder einen inneren Mangel an Zuwendung und Liebe dadurch decken möchte. Hier kann man sich den folgenden Satz einprägen: „Es anderen Recht zu machen, ist der beste Weg zum Misserfolg."

Manchmal darf man sich vielleicht seiner inneren Kraft stärker gewahr werden, offene Gespräche suchen oder mit klaren Aussagen hinterhältigen Manipulationen vorbeugen. Jede Situation ist einzigartig und kann immer nur vom Betreffenden selbst wirklich erkannt und gewandelt werden.

Es ist allerding von großer Hilfe, wenn man versucht, der Person, die für das Mobbing verantwortlich ist, immer wieder Gefühle der Liebe zuzusenden. Das mag sich schwer anhören, doch es ist ein sehr wichtiger Schritt. Nur die Liebe wandelt alte Probleme und kann die liebevolle Seite im Nächsten berühren.

Nehmen Sie sich am Abend Zeit, setzen Sie sich bequem hin und atmen Sie einige Male tief ein und aus. Stellen Sie sich nun die Situation vor und nehmen Sie Ihre eigenen Gefühle wahr. Versuchen Sie dann, Vertrauen und Verständnis in sich zu erwecken, um anzuerkennen, dass hinter jeder Situation ein Plan steckt, den es zu ergründen gilt. Jede Lebenslage dient dem Menschen und kann ihn weiterbringen. Die geistige Welt wirkt immer *mit* dem Menschen, niemals *gegen* ihn. Dieses Wissen lässt den Menschen auf seine geistige Führung vertrauen. Seien Sie sicher, dass die Dinge sich in die richtige Richtung entwickeln werden, und seien Sie bereit, das Gegebene zu akzeptieren.

Das folgende Gebet kann in verschiedenen Situationen helfen:

GEBET ZUR VERWANDLUNG

Unendliche, vollkommene Liebe,

mit allen Fasern meiner Seele bitte ich Dich um Deinen Schutz und Deinen Segen.
Bitte führe mich, damit ich wahrnehme, was es zu erkennen gilt, und schenke mir die Kraft, dies auch umzusetzen.
Bitte lasse mich mit allen deinen Schutzkräften die Aufgaben übernehmen, für die ich berufen bin.

Von Herzen bitte ich Dich um Auflösung aller alten Blockaden und Gefühlsstauungen, damit Deine Liebe alles Verhärtete durchdringen und in Freude verwandeln kann.
Bitte gib Verzeihen, wo es noch zu verzeihen gilt, und schenke Liebe, wo der Streit noch wohnt.
Bitte segne mein Gegenüber und segne auch mich, damit alter Hass abgebaut und ein positives Miteinander entstehen kann.

Bitte lasse das Alte vergehen und schenke Verständnis für die Gegenwart, lasse die Liebe wirken und Wärme im Nächsten entstehen.
Erfülle meine Aura mit Deinem Segen, damit ich behütet bin im Licht Deiner Liebe.
Voller Vertrauen lege ich mein Sein in Deine Hände und weiß, dass ich geschützt und geführt bin.

Aus tiefstem Herzen danke ich Dir für Deinen Segen, für mich und meine Mitmenschen.

25.

AURA-SCHUTZ IM STRASSENVERKEHR

Ist es Ihnen in letzter Zeit auch so vorgekommen, als hätte die Aggression auf der Straße zugenommen? Als wären die einen noch langsamer geworden und die anderen noch schneller? Und es ist tatsächlich so. Nicht nur laut Polizeistatistik und Umfragen, sondern man kann es deutlich in der Aura der Straßen sehen und auf der Astral-Ebene wahrnehmen.

Sobald man nicht gleich so fährt, wie es von den jeweiligen Aggressoren gewünscht wird, landet ein Schwall negativer Energie im Genick; und mit engem Auffahren, Hupen und lautstarkem Geschrei wird man sozusagen bestraft für seine „Unfähigkeit", nicht zu wissen, wie es der Hintermann gerne hätte.

Manchmal preschen Autofahrer so aggressiv in eine Lücke, um auch noch abbiegen zu können, dass man sich wundert, wie sie es geschafft haben, ohne aufzufahren die Spur zu wechseln. Wieder andere sind von solchen Unsicherheiten und Ängsten geplagt, dass sie so langsam fahren, dass man froh ist, überhaupt vorwärts zu kommen.

Jeder aggressive Fahrer und jeder Drücker und Raser hinterlässt in der Aura einer Straße seinen Eindruck. Manchmal hat man das Gefühl, die Aggression direkt greifen zu können. Die größte Gefahr solcher Ansammlungen ist jedoch, dass diese ab einer gewissen Stärke und Selbstständigkeit versuchen, jeden

Fahrer mit hineinzuziehen und ihn zur Aggression zu verleiten, um dann diese produzierte Energie abzuziehen. Dann wird der Autofahrer fremdbestimmt, und ehe er sich versieht, verhält er sich ähnlich wie die Verkehrs-Rowdys vor ihm.

Aus diesem Grund ist es sehr wichtig, sich im Straßenverkehr selbst zu beobachten. Mit etwas Achtsamkeit kann man regelrecht spüren, wie die negativen Energien sich annähern und versuchen, jeden mit in die allgegenwärtige Hetze und Aggression zu ziehen. Plötzlich wird man selber ungehalten, fängt an über andere zu schimpfen und ehe man es sich versieht, ernährt man selbst die dunklen Felder über den Straßen. Hier hilft nur Aufpassen, Wahrnehmen und mit Bewusstsein und Liebe zu reagieren. Bleiben Sie ruhig! Denken Sie daran, wie schwer es für viele Menschen ist, ihre akuten Probleme zu bewältigen. Versuchen Sie zu verstehen, dass dieser Mensch vielleicht keine Ahnung hat, wie beglückend der Weg der Liebe ist, und sich deshalb manipulieren lässt. Dankbarkeit kann in solchen Momenten das eigene Sein durchfluten; und man wird gewahr, dass man durchaus den Weg der Liebe leben und die anderen so sein lassen kann, wie sie sind. Das ist eine wichtige Einsicht. Dadurch bleibt man neutral, schwingt in Ruhe und voller Liebe und ist nicht angreifbar. Ein Bewusstein der Liebe weist stets den Weg.

Ist man mit den Aggressions-Feldern der Straße verknüpft, verursacht dies immer einen Energieverlust und schafft energetische Verbindungen zu den dahinter wirkenden Kräften. Bei mehrfachen Wiederholungen und der dadurch erfolgten Unterstützung der bestehenden Dunkelfelder über den Straßen ergeben sich zwangsläufig Kontakte zu jenen Wesen, die dieses Feld am Leben erhalten.

Da in der jetzigen Zeit des Wandels fast alle Menschen einer energetischen Veränderung unterworfen sind, können auch solche Felder schneller zugreifen. Der Mensch befindet sich phasenweise nicht in dem Schutz, der ihn ansonsten umgibt. Wie schon erwähnt, kann ein Haus nicht mit geschlossenen Fenstern durchlüftet oder mit geschlossenen Türen entrümpelt werden. Bei innerer Gelassenheit und Stärke fällt es solchen Feldern bedeutend schwerer, energetischen Nachschub für ihre Pläne zu bekommen und Menschen zu manipulieren.

Leider ist das allgemeine Aggressionspotenzial zurzeit stark angewachsen. Zahlreiche Menschen werden manipuliert, anstatt den Weg der Ruhe und des Friedens zu suchen. Werden sie dann noch durch dauernde weltliche Forderungen, Arbeits- oder Beziehungsstress belastet, sind sie gänzlich überfordert.

Diese Überforderung kann zeitweise fast jeder feststellen. Die Arbeit kostet viel Kraft, die eigene Transformation und die allgemeine energetische Umstrukturierung beansprucht viel Energie und vielleicht ist man noch durch Prozesse in der Familie gefordert. Mit Liebe und Hingabe können diese Prozesse jedoch bald abgeschlossen werden, und man wird wieder stabiler für die Anforderungen der Außenwelt.

Auch die kollektiven globalen Felder befinden sich in Aufruhr. Betrachten wir die Politik, das Gesundheits*wesen*, das Schul*wesen*, das Steuer*wesen* oder auch das Verkehrs*wesen*, kann man deutlich erkennen, selbst rein weltlich betrachtet, dass sich alles im Umbruch befindet und vor einer radikalen Veränderung steht. In der Zukunft, mit der neuen planetarischen Energie, wird nur das bestehen bleiben, was sich in Harmonie mit dem Schöpferwillen befindet. Alles andere wird verändert werden.

Kein Wunder also, wenn überall Emotionen aufbrechen und

viele Menschen manchmal gar nicht mehr wissen, wie es weiter-
gehen soll. Diese Sorgen und Ängste verursachen teilweise regelrechte Wellen, die sich ausbreiten und auch andere Menschen
beeinflussen. Davon bleibt natürlich die Straße nicht unberührt.
Auch hier macht sich der kollektive Umbruch bemerkbar, und
die Aura der Straße nimmt kontinuierlich an Hektik, Aggression
und Missachtung zu.

Je liebevoller der Einzelne mit dem gegenwärtigen Wandel
umgeht, desto weniger kann ihn die kollektive Aufregung beeinträchtigen. Diese „Reinigung" ist unvermeidlich, und der
Mensch kann der geistigen Welt vertrauen, dass alles seinen Sinn
hat. Das Beste ist es, sowohl Verständnis für die Verwirrungen
der Menschen zu entwickeln als auch für sich selbst. Man ist ja
selbst ebenfalls belastet und involviert und sollte versuchen, den
anderen so zu akzeptieren, wie er gerade ist.
Hier hilft das weise Sprichwort:

BEVOR ES MICH AUFREGT, IST ES MIR EGAL!

Das klingt zwar nicht sehr spirituell, ist jedoch für den Alltag
bestens geeignet. Je weniger Energie man durch das Sich-Aufre-
gen über andere oder unvermeidliche Situationen verliert, desto
besser. Das Annehmen und Akzeptieren ist die klügste Lösung.
Die Dunkelkräfte bemühen sich gerade mit großer Intensität,
alle Menschen zu Kampf und Missgunst anzustacheln. Teilweise
mit Belanglosigkeiten, versuchen Dunkelwesen, den Menschen
zu ärgern und ihn glauben zu machen, er könne den energetischen Prozess und all das scheinbar Negative aufhalten. Doch
das sollen wir nicht, und das können wir gar nicht. Das sogenannte Dunkle oder noch Lieblose darf sich noch einmal richtig
aufbäumen, um selbst zu lernen und um allen Menschen noch

einmal zu zeigen, so kann der Weg niemals sein. Unsere Welt sieht deshalb so aus, weil bislang die Macht des Eigenwillens regiert hat. Und wo stehen wir jetzt? Nur eine neue Ordnung, im Einklang mit dem Göttlichen Plan, kann hier eine Veränderung herbeiführen. Auch die „dunkle Seite der Macht" weiß das sehr wohl.

Dennoch versucht sie, mit allerlei Verführungen, den Menschen vom Weg der Nächstenliebe abzubringen. Ganz deutlich merkt man dies auch auf den Straßen.

Deshalb ist das nachstehende Gebet sehr sinnvoll und kann immer wieder gesprochen werden. Besonders vor längeren Autofahrten oder zur Bewusstwerdung der aktuellen Vorgänge ist es dienlich, da der Stress den Menschen immer wieder davon abhalten will, an das Geistige zu denken.

GEBET FÜR DEN STRASSENVERKEHR

Höchste Gottheit,

*in Deine Führung legen wir unser Leben und unseren Weg.
Bitte beschütze uns auf den Straßen dieser Welt und segne uns
mit der Kraft Deiner Liebe.*

*Wir bitten Dich um Stärke, damit keine fremden Einheiten
in unser Energiefeld eindringen und unsere Emotionen
manipulieren können.*

*Bitte erfülle uns mit der notwendigen Kraft, damit wir
innerhalb unserer eigenen Lebensprozesse geschützt sind
durch Deine Liebe.
Bitte lasse die Strahlung Deiner Liebe auch die anderen
Verkehrsteilnehmer berühren, damit sie von Frieden erfasst
werden und Ruhe in ihre Herzen einkehren kann.*

*Wir bitten die Engel der Wandlung um Klärung der Straßen-
Aura, so weit es der freie Wille zulässt, und wünschen allen
Menschen Zuversicht und Kraft für ihre inneren Aufgaben.*

*Von ganzem Herzen danken wir Dir und fühlen, dass wir von
Deiner Liebe geschützt und getragen werden.*

26.

AURA-SCHUTZ AUF REISEN

Eine sehr gute Möglichkeit, um altes Karma aus längst vergangenen Leben aufzulösen oder alte „Seelen-Anteile" zurückzuholen, ist heute durch die fast unbegrenzten Reisemöglichkeiten gegeben. In keinem Jahrhundert zuvor reiste der Mensch so intensiv wie im jetzigen. Die Gelegenheit, selbst ferne Länder zu bereisen, ergab sich in früheren Jahrhunderten nur für sehr wenige Menschen. Heutzutage stehen diese Möglichkeiten glücklicherweise sehr vielen Menschen zur Verfügung.

Urlaubsreisen, Geschäfts- und Kulturreisen oder Besuche von Verwandten in anderen Ländern animieren die Menschen dazu, die Koffer zu packen. Es ist bereichernd, fremde Energien wahrzunehmen, und inspirierend, die Kulturen alter Völker zu erleben. Vielleicht geht es auch nur darum, die Wärme der Sonne, das Rauschen des Meeres oder die Tierwelt eines anderen Landes zu erkunden. Jede Reise wird innerlich auf eine ganz andere Art und Weise erlebt.

Nicht selten geschehen solche Reisen gar nicht zufällig oder ungeplant, nach dem Motto: „Lassen wir uns überraschen, wo wir dieses Jahr Urlaub machen", sondern viele Reisen haben einen viel tieferen Hintergrund. In jedem Fall gilt dies so lange, bis alles alte Karma aufgelöst oder alle Seelen-Anteile wieder integriert worden sind. Manchmal ist es auch notwendig, bestimmte

Erkenntnisse zu erlangen oder mit einem alten, beziehungsweise neuen Bewusstsein konfrontiert zu werden.

Man kann daran mitunter erkennen, ob man noch „Vorgaben" zu erledigen hat, indem man sich zu ganz bestimmten Orten sehr intensiv hingezogen fühlt. Dann bedeutet das in den meisten Fällen, dass es an genau diesem Ort noch etwas zu tun gibt. Sobald alles Karma aufgelöst ist oder die notwendigen Erkenntnisse gesammelt wurden, kommt es nicht selten vor, dass man gar nicht so richtig weiß, wohin man in den Urlaub reisen soll. Dann ist man *frei!* So seltsam das klingen mag, aber es gibt dann keine genau bestimmten oder vorausgeplanten Vorgaben; man kann sich erholen oder hinreisen, wohin man will.

Diese Freiheit ist für manche gar nicht so leicht zu ertragen. Plötzlich sieht man sich vor Fragen und Entscheidungen gestellt, zu denen es keine genau vorgegebenen Antworten mehr gibt. Dann wird es wichtig, gut in sich hineinzuhorchen, um den Weisungen der geistigen Führung folgen zu können. Man kann dann im Inneren erkennen, welches Land für ein erweitertes Bewusstsein sorgen könnte, welches einem hilft, weiter zu reifen oder einem einfach nur einen erholsamen Urlaub bescheren könnte. Diese innere Weisung ist eine sehr leise Weisung, viel leiser als die bisherigen, in denen es um wichtige Vorgaben ging. Die *Freiheit des Geistes ist am Anfang schwer.* Man könnte meinen, es gäbe keine Führung mehr, da die drängende Wichtigkeit fehlt. Keine prägenden Impulse zeigen sich, da alle Orte und Länder neutral sind. Auch wenn sich diese Lage zuerst anfühlt, als wäre sie viel schwieriger, ist sie dennoch ein bedeutender Schritt in die persönliche Freiheit.

Von diesem Zeitpunkt an geht es um weitere Entwicklung, um Förderung der Tugenden und nicht mehr um karmische Ablösung oder Klärung. Der Mensch entledigt sich seiner Fesseln und wird freier. Diese Freiheit und das vollendete Offensein für die Zukunft kann einen Menschen erst in seinem tiefen Inneren mit dem Willen des Höchsten einen. Nicht selten hört man von Menschen, die meinen, dass sie, wenn sie sich dem Willen des Höchsten unterordnen, doch ihren eigenen Willen aufgeben müssten und deshalb keine Identität mehr besitzen würden. Doch das genaue Gegenteil ist der Fall. Wer sind wir wir denn eigentlich? Sind wir nicht ein Teil von Gottes Schöpfung? Ist unser *wahrhafter* Wille denn nicht deshalb auch in seinem Wesenskern der Wille Gottes? Der Eigenwille ist ein Irrweg, die sogenannte *Selbstentfaltung* bedeutet Trennung. Sie trennt uns von unserem eigentlichen ursprünglichen Wesen und Willen, der genau gleich ist wie der Wille Gottes. Sobald wir von der Knechtschaft des Eigenwillens befreit sind und erkennen: „Mein Gott, Deine Liebe ist auch die Meine, Deine Vergebung steckt auch in mir, und Deine Fürsorge für die Menschen kann sich auch durch mich entfalten!" Dann haben wir es verstanden. Dieser *innere Wille* wird von all den Menschen gleichzeitig gefühlt, die ebenfalls dieses Geheimnis des Lebens erkannt haben. Dann spürt jeder die *Wahrheit* hinter einer Entscheidung, und es gibt keine Konflikte mehr. Dann ist der wahrnehmbare *Wille im Inneren* gleichbedeutend mit dem *Willen des Höchsten* – und dem Menschen stehen alle Türen offen. Dann gilt der Ausspruch: „Der Wille des Vaters und mein Wille sind eins."

Dringt diese Welle der Erkenntnis und diese Liebe tief in den Menschen ein, steht ihm „der Himmel" offen. Würde er dann im Leben, humorvoll ausgedrückt, den Wunsch verspüren, etwa im Toten Meer ein Salzbad zu nehmen, würde ihm die geistige Welt alle Türen öffnen und alle Flugzeuge bereitstellen, die ihn dorthin fliegen würden.

Erst dann haben jene Menschen recht, die behaupten, man müsse sich nur etwas wünschen, dann werde es geschehen. Dies gilt erst *nach* dem Prozess der Einswerdung und nicht vorher! Erst dann kann der Mensch sicher sein, dass er den Willen des Höchsten in sich fühlt. Ansonsten ist es nur der Eigenwille, der in seiner Begrenztheit nach Verwirklichung seiner kleinen Bedürfnisse strebt. Ob ein vom Licht durchdrungener Mensch dann unbedingt ein Bad im Toten Meer benötigt, ist dann eine Frage, die mit einem Augenzwinkern zu stellen ist.

Das „Tote Meer" führt uns zurück zu den Reisen. Das folgende Beispiel zeigt eine mögliche Form der Karma-Auflösung.

Kathrin hatte schon seit Kindertagen immer den innigen Wunsch, nach Griechenland zu reisen. Ihre Eltern waren nicht sehr wohlhabend, und sie konnte sich deshalb lange Zeit diesen Wunsch nicht erfüllen, da ihr schlicht und ergreifend die Mittel fehlten. Doch nach ihrer Berufsausbildung fand sie einen gut bezahlten Job und konnte zwei Jahre später endlich nach Griechenland in den Urlaub fliegen. Voller Freude konnte sie den Augenblick der Abreise kaum erwarten. Es war ein ergreifendes Erlebnis für sie, und sie fühlte sich auf so unglaubliche Weise zu Hause, wie sie es in ihrem jetzigen Heimatland noch nie empfunden hatte. Es ist allerdings auch ein nicht unwichtiger Unterschied, ob man die sogenannten „Alltags-Kämpfe" in einem Land durchleben muss oder ob man dort in Urlaub sein darf.

Kathrin reiste mir ihrer besten Freundin – und sie nahmen sich einiges vor. So wie es ihre Seele und ihre geistige Führung geplant hatten, reiste sie in genau jenen Teil des Landes, in dem sie in einem früheren Leben gelebt hatte. Irgendwie fühlte Kathrin diesen Umstand in ihrem Inneren, doch sie gab dieser Wahrnehmung nicht genügend Raum, damit er sich deutlicher ausdrücken konnte.

Kaum angekommen, war Kathrin überglücklich. Sie spürte die Freude und Schönheit des früheren Lebens und erkannte tief in ihrer Seele bestimmte Berge und Schwingungen wieder, die in Teilen der unberührten Natur noch wahrnehmbar waren. Am dritten Tag ihrer Reise kamen sie an einen ganz bestimmten Ort. Sie hatte sich mit ihrer Freundin einen Leihwagen genommen, und sie ließen sich einfach treiben. Wie von „oben" gewünscht, fuhren sie an eine Stätte, an der früher Wagenrennen stattgefunden hatten. Kathrin war fasziniert und gleichzeitig tief erschüttert. Trotz ihrer Verwirrung konnte sie Bilder in ihrem Kopf wahrnehmen, welche sie mit jenen alten Erlebnisse verknüpfen konnte.

Sie war in einem früheren Leben an genau diesem Ort als Mann Wagenrennen gefahren. Sie hatte einen erbitterten Feind, der sie während dieses Rennens durch hinterhältige Machenschaften in einen schweren Unfall mit Todesfolge verwickelte. Sie hasste diesen Mann schon seit langem, und nun hatte er es auch noch geschafft, sie in den Tod zu treiben. Die Verwirrung in ihrem Gefühlshaushalt war immens, und sie benötigte lange Zeit, bis sie einen klaren Gedanken fassen konnte. Es ging irgendwie auch noch um eine Frau, doch das war für sie in diesem Moment nicht so bedeutsam. Vorrangig war für Kathrin dieser atemberaubende Hass und dieses Gefühl des Ausgeliefertseins.

Durch den Schock des Unfalls hatte sich in dem früheren Leben ein Seelenteil abgespalten, der bis zu diesem Zeitpunkt an jenen Ort gebunden war, an dem sie damals als Mann das Leben verloren hatte. Es kommt sehr häufig vor, dass sich Seelen*teile* oder auch nur Seelen*fasern* abspalten, die in einer Art Schock lange Zeit an den Orten oder in den Situationen festhängen, an denen oder durch die sie von der Seele getrennt worden waren. Es ist äußerst wichtig, dass ein Mensch alle seine Teile und Fasern zurückbekommt, die er in Schocks oder sonstigen Situationen verloren hat. Derartige Verluste sind immer als Mangelzustände im Gefühlshaushalt wahrnehmbar, und nicht selten werden diese Bereiche im Menschen von fremden Energien beeinflusst oder gar belagert, die aufgrund der einstigen Geschehnisse eindringen konnten.

Auch im alten Ägypten wurden durch die Mumifizierungen immer wieder Seelenteile gebunden, die immer noch auf ihre Erlösung warten. Sie sind der festen Meinung, wiedergeboren zu werden und können auf ihrem geistigen Weg nicht weiter gehen. Sie sind in der Materie verhaftet, ohne wirklich reifen zu können. Die Faszination, die das alte Ägypten auf fast alle Menschen ausübt, hat nicht nur mit der Weisheit der uralten Kultur am Nil zu tun, sondern auch mit dem Irrglauben der Auferstehung des Leibes und der Mumifizierung, die nicht selten mit magischen Ritualen vollführt wurde.

Kathrin war glücklicherweise mit der Lehre der Reinkarnation vertraut und wusste um die Möglichkeiten der karmischen Auflösung. Sie erkannte sehr schnell, dass es hier etwas für sie zu erledigen galt und widmete sich liebevoll dieser Verarbeitung. Sie bemühte sich um Vergebung, nahm wahr, dass auch sie selbst voller Hass und Missgunst war und bat die geistige Führung intensiv um Hilfe und Auflösung. Nach zwei Tagen, in denen sie mit Fieber und Durchfall im Bett lag, war die Anpassung vollzogen und der alte Seelenteil wieder zu ihr zurückgekehrt. Sie fühlte sich noch etwas seltsam, war aber sehr dankbar für die Möglichkeit, die das Karma-Gesetz ihr gegeben hatte. Auch wenn sie sozusagen zwei Tage ihres Jahresurlaubs „verloren" hatte, konnte sie dennoch fühlen, dass sie in diesen zwei Tagen eine jahrhundertealte Seelenabspaltung heilen konnte.

Es können sich auf Reisen die verschiedensten Arten der karmischen Auflösung ergeben. Nicht immer geht es um persönliche Verarbeitungen, es kann auch geschehen, dass ein Mensch, der beispielsweise in einem früheren Leben bereits an der Beseitigung der Unterdrückung der Frau in den arabischen Ländern mitgearbeitet hatte, erneut energetisch eingesetzt wird, um hier weitere Impulse zu setzen, da die Seele in einem engen Kontakt mit diesem Feld steht. Oder es befinden sich abgespaltene Seelenteile von anderen Menschen, mit denen man in einem früheren Leben eng verbunden war, an einem bestimmten Ort, und man wird jetzt benötigt, um hier neue Impulse und die Möglichkeit der Befreiung zu bewirken.

Manchmal ist es auch erforderlich, dass der Mensch mit bestimmten dunklen Energien umzugehen lernt, die an seinem Heimatort nicht vorkommen. So wird er mit Hassfeldern konfrontiert, mit denen er nun in liebevoller Weise zu arbeiten hat. Welcher Hintergrund auch immer vorliegen mag, die Liebe ist immer der richtige Weg und das Vertrauen in die geistige Führung.

Für alle karmischen Aufarbeitungen auf Reisen kann das folgende Gebet im Vorfeld gesprochen werden oder auch dann noch, wenn Sie plötzlich spüren, dass auf Reisen etwas Unvorhergesehenes geschieht.

REISE-GEBET

Höchste Schöpferkraft, vollkommene geistige Führung,

aus tiefstem Herzen legen wir unser Sein in Deine Hände.
Bitte führe uns auf unseren Wegen durch dieses Land,
damit wir alle alten Verfehlungen oder Abspaltungen in die
ursprüngliche Ordnung deiner Liebe zurückbringen können.
Bitte stehe uns bei, die Liebe für alles Vergangene in unserem
Leben zu verwirklichen, und lasse Deine Wandlungskraft tief
in unser Inneres strömen.

Bitte lasse alle Wesen Deine Liebe spüren, mit denen wir
karmische Bande geknüpft haben, und hilf uns, die Freiheit
des Geistes und der Seele zu erlangen.
Wir bitten Dich um Auflösung aller alten Blockaden und um
die Klarheit Deiner Liebe, die alles Dunkle durchdringt und
alles Sein in Deiner Liebe erstrahlen lässt.

Wir fühlen Deine Nähe, spüren Deine Hilfe und wissen, dass
Deine Liebe unser Herz durchdringt und wie Wellen deine
Fürsorge und Kraft aus unseren Herzen strömen lässt. Unsere
Aura wird durch die Kraft der Herzensliebe erfüllt und schützt
und stärkt uns auf unserem Weg in die geistige Klarheit.

Dankbar lassen wir Deine Ordnungskräfte fließen und wissen,
dass wir stets in Dir geborgen sind.

Natürlich hat jedes Land seine eigene Energie-Struktur, seine eigene politische Kultur und seine Wesenheiten, die mitunter seit Jahrtausenden das Land sowie die Menschen, die in ihm leben, prägen. Möchte man nur einen Besuch machen und sind alle karmischen Verarbeitungen für dieses Land gelöst, ist es wichtig, sich energetisch liebevoll und respektvoll zu verhalten, so wie wir es auch von den Menschen erwarten würden, die das Land besuchen, in dem wir leben.

Jede Form, auch wenn sie sich für uns als Materie zeigt, ist beseelt. Jede materielle Auswirkung hat eine geistige und feinstoffliche Ursache und Wahrheit, verfügt über einen Wesenskern und wird von den Schöpfungsenergien getragen. Jeder Mensch ist mit all diesen Auswirkungen verbunden, nicht nur mit dem Tier- oder Pflanzenreich, nicht nur mit den Engeln und den helfenden Lichtwesen, nicht nur mit allen anderen Menschen und Wesen, sondern auch mit der für uns scheinbar nicht-intelligenten Masse der materiellen Realität. Im Feinstofflichen, im Geistigen, ist die Materie durchaus empfindsam und nimmt die Impulse des Menschen wahr. Hinter manchen scheinbar unwesentlichen Erscheinungen der „Realität" wirken wichtige Hintergründe und auch entsprechend hohe Wesenheiten, die das Material oder die materielle Entsprechung schützen und aufrechterhalten. Deshalb sollten wir nicht nur auf Reisen, sondern grundsätzlich in unserem Alltag die Erscheinungen der Materie ehren, sie schützen und achten.

Betritt man beispielsweise einen Park oder die Lebenswelt von bestimmten Tieren, besteigt man Berge oder schwimmt in Seen, ist es sehr liebevoll und sinnvoll, die Seele des Sees, des Berges, des Landstriches oder der speziellen Tierart zu begrüßen, sie zu bitten, hier sein zu dürfen und ihnen gleichzeitig Liebe und Respekt entgegenzubringen. Schwingt man sich so in wahrhafter Liebe und Zuwendung auf die Schwingung des bestehenden Feldes ein, kann sich ein intensiver Austausch ergeben und man wird sogar behütet, was in den Bergen oder in einem See als sehr angenehm empfunden wird. Man kann die Liebe spüren, und Gefühle der Einsamkeit können weichen, da man die geistige Präsenz direkt fühlen kann.

Würde man, wie der letzte Papst, den Boden küssen, auf dem das Flugzeug gelandet ist, würde das mit Sicherheit eine gewisse unangenehme Aufmerksamkeit erregen, doch energetisch betrachtet, wäre dies genau der richtige Weg. Ist es nicht möglich, den Boden liebevoll zu berühren, kann man dies auch in einem Gebet tun und somit geistig vollziehen. Auch kann man die Wesen des Landes begrüßen und sie bitten, einen selbst liebevoll anzunehmen und willkommen zu heißen, da man respektvoll, liebevoll und mit Achtung einen Besuch ihres Landes vornehmen möchte.

Man sollte nicht als Missionar für bestimmte Werte kommen oder gar als Besserwisser für solche, die es „natürlich" nicht besser wissen. In den meisten Fällen möchten die Besucher doch wirklich nur das Land kennenlernen und neugierig die Atmosphäre von etwas Unbekanntem ergründen. Vielleicht geht es darum, eine alte Kultur zu verstehen und mehr über die Vergangenheit eines Landes zu erfahren. Mit diesem Bewusstein ist man in den meisten Fällen in den jeweiligen Ländern auch willkommen. Die Wesen der Länder und die Energiefelder sind sich meist sehr genau bewusst, mit welchen Schwingungen man das Land bereist. Auch die dort lebenden Menschen nehmen in ihrem Inneren diese geistige Einstellung wahr. Möchte man sie liebevoll kennenlernen und berühren, stehen sie einem auch liebevoll gegenüber.

Vielleicht werden aber dennoch an bestimmten Orten oder in Situationen Gefühle und Energieströme wahrgenommen, die nicht sehr angenehm sind, da sich hier vielleicht Schlimmes ereignet hat oder andere Menschen zuvor voller Hass dort gelebt haben. Dann hilft der Gedanke und ein Gefühl von Liebe und Verständnis sowie das Bemühen, selbst in der Schwingung der Liebe zu bleiben und mitzuhelfen, alte Energien aufzulösen. Vertrauen in die geistige Führung weist uns den Weg.

Das folgende Gebet kann hier sehr viel Harmonie bringen:

GEBET BEIM BESUCH EINES FREMDEN LANDES

Vollendete Liebe, höchste Lichtkraft,

aus tiefstem Herzen bitten wir die Wesen dieses Landes, uns hier willkommen zu heißen.
In Liebe und Respekt wünschen wir Kontakt zu den Menschen und den Gepflogenheiten dieses Volkes und möchten die Kultur und das Land kennenlernen.

Voller Freude möchten wir unseren Horizont erweitern und das Schöne dieses Landes genießen. Gerne geben wir auch unsere Liebe und unseren Respekt an das Land und die Menschen zurück und wünschen uns einen liebevollen Austausch mit seinen Energien, die uns unserem Schöpfer näherbringen können.

Möge Gott alle unsere Wege behüten und alle Menschen einen, damit wir eines Tages als ein Volk und eine Menschheit den Schritt in die nächste Ebene der Entwicklung gehen können.

Möge alle Trennungen weichen und die Liebe die Einheit alles Lebens verwirklichen.

Bitte beschütze uns auf diesem Weg vor allen negativen Einwirkungen und Wesen, die sich nicht diesem Pfad der Einheit und Brüderlichkeit öffnen können. Bitte schütze unsere Aura vor allen fremden Gedanken und Gefühlen, damit wir die Klarheit Deines Weges fühlen und für Dich und die Liebe einstehen können.

Von Herzen danken wir für Deine Liebe und wünschen uns und allen Menschen und Lebewesen dieser Welt die Vollendung Deines Bewusstseins und die Kraft Deines Weges.

27

AURA-SCHUTZ IM KAUFHAUS ODER EINKAUFSGESCHÄFT

Fast jeder hat es schon erlebt! Sie waren in der Stadt einkaufen, haben eigentlich schöne Dinge gesehen und auch vieles erledigt, sind aber nun völlig erschöpft und haben kaum mehr Energie, um nach Hause zu kommen? Daheim angekommen, sind Ihre Knochen bleischwer, und sie könnten umfallen vor Erschöpfung und Müdigkeit?

Solch ein Energie-Einbruch kann sich bereits nach dem ersten Geschäft ereignen oder, falls man über etwas mehr Energie verfügt, nach mehreren Einkäufen.

Man stellt sich die Frage: „Hat mich das schon immer so mitgenommen? Kann ich jetzt gar nichts mehr erledigen, ohne nach kurzer Zeit fast zusammenzubrechen? Was geschieht hier eigentlich? Bald habe ich gar keine Lust, noch in die Stadt zu gehen."

Hier können mehrere Gründe zusammenwirken: Zum einen hat sich das globale Schwingungsfeld sehr verändert. Es ist an vielen Orten dichter geworden, liebloser, dunkler und mit vielen egoistischen Strukturen versetzt. Macht man sich zudem die Konkurrenzsituationen zwischen den Firmen bewusst, von denen jede ihre Waren verkaufen will, wird schnell deutlich, wie intensiv der Kampf um den Kunden geführt wird. Die Werbung wird immer greller und suggestiver, und mehr psychologische Energie wird eingesetzt, um den Menschen zu manipulieren und ihm ein bestimmtes Produkt aufzunötigen.

Man hört immer mehr von speziellen Energiefrequenzen, von invasiven Energiewellen der besonderen Art, die auf einer sehr feinen Ebene die Menschen manipulieren sollen und es auch können. Die Firmen stehen teilweise untereinander in einem „kriegerischen" Wettbewerb und bauen emotionale Feindbilder auf.

Feinstoffliche Wesen aus den niederen Astralebenen versuchen, den Schwingungsabfall in unseren Lebensbereichen auszunutzen und sich an Menschen zu heften, um von ihnen Energie abzuziehen. Auch Sucht-Geister können sich an den Kassen aufhalten, an denen man ja warten muss, wobei man „zufällig" all die bekannten Zigaretten, Spirituosen und Süßigkeiten im Blickfeld hat, die in der Werbung als die „reine Wonne" angepriesen werden.

Es gibt Kaufhausketten, die ganz bewusst Gedanken- und Gefühls-Elementale erschaffen, die jede Schwachstelle in der menschlichen Psyche ausfindig machen, um den Kunden zum Kauf zu animieren. Wird beispielsweise ein Mensch von Minderwertigkeitskomplexen geplagt, kann ihm leichter suggeriert werden, dass er unbedingt die Hose dieser Marke tragen muss, damit er endlich attraktiv auf das andere Geschlecht wirken kann.

Auch sind manche Angestellte geradezu darauf getrimmt zu verkaufen, dass sie einen so gewaltigen Druck ausüben, dem sich ein sensibler Mensch kaum noch entziehen kann. Wenn man hört, wie einem alles steht, auch wenn man selber sieht, dass man in der Hose einen „Hintern wie ein Brauereigaul" hat, dann kann die Beratung doch irgendwie nicht stimmen.

Man spürt inzwischen deutlich, dass sich zwei ganz verschiedene Richtungen im Verkaufssystem ausbreiten. Bei der einen wird auf Freundlichkeit geachtet und darauf, dass man für den extremen Wasserverlust in den trockenen Räumen um Flüssigkeit bemüht ist, bei der anderen hechten die Verkäufer auf einen zu, sobald man auch nur einen Stand erreicht hat.

Das Bemühen, ein Produkt zu verkaufen, kann durchaus mit ethischen Werten übereinstimmen. Das Werben um Kunden ist legitim, wenn es mit höheren Werten harmonisiert. Hier muss jeder selbst seine Grenzen ziehen, und jeder Kunde hat die Möglichkeit, sich in den Kaufhäusern aufzuhalten, die ihm angenehm sind, und jene zu vermeiden, in denen er sich unwohl fühlt.

Es wirken mitunter auf den Einkäufer die verschiedensten Gedankenformen ein, und er wird teilweise regelrecht überfallen von ihnen. Das System des angegriffenen Käufers wird dadurch extrem geschwächt, da die Abwehr einen immensen Kraftaufwand erfordert, was in einer solchen Umgebung einen spürbaren Energieabfall im System auslöst; vor allem wenn der Verkauf ein Selbstzweck ist und nicht die längerfristige Zufriedenheit des Kunden im Auge behalten wird. So schnell kann der Energieverlust gar nicht mehr kompensiert werden, wie sich schon der nächste ankündigt.

Hinzu kommt, dass sich Betonbauten sehr schnell mit negativer Energie aufladen, was ebenfalls zu einer steten Entladung und einem Abfall der persönlichen Energie führt. Es sind ja nicht nur die Energien der Verkäufer und des Inhabers, es können sich auch Energien von Kunden im feinstofflichen Feld der Verkaufsräume aufhalten, die durch eine unangenehme und negative Prägung tief in das Ganze eingeschweißt worden sind. Manchmal werden die Füße bleischwer, da die Energie über die kleinen Fuß-Chakras sehr schnell verlorengeht. Das kann kaum jemand allzu lange aushalten. Glücklicherweise zeigt sich über den Schmerz, dass etwas nicht stimmt und man eingreifen sollte.

Manchmal hängen ganze Waben von Gedankenstrukturen über den Waren, die nur dem einen Ziel dienen, sich dem Menschen als Impuls „Du-musst-mich-haben" aufzudrängen. Die ganze Werbung ist so ausgerichtet, und ehe man sich versieht, glaubt man selbst, dass man diese Dinge unbedingt benötigt.

Es soll keine Pauschal-Verurteilung erfolgen. Es gibt durchaus Geschäfte, in denen sich die Menschen wirklich um den Kunden kümmern. Es kann auch sein, dass zwar die Geschäftsführung liebevoll ausgerichtet ist, aber sich dennoch ein Störfeld in den Räumlichkeiten befindet. Man muss mit einem vorschnellen Urteil immer vorsichtig sein, denn die Hintergründe können sich als sehr vielschichtig erweisen.

Das nachfolgende Gebet umfasst mehrere Bereiche und kann dem Menschen helfen, sich vor zu starken Zugriffen besser zu schützen und mehr Kraft fließen zu lassen. Sie können dieses Gebet vor jedem Einkauf sprechen.

GEBET ZUM ENERGETISCHEN SCHUTZ

Höchste Schöpferkraft,

aus tiefstem Herzen bitte ich Dich um Deinen Schutz.
Bitte lege Deine schützenden Energien um meine Aura und
durchdringe mein Wesen mit der Kraft Deiner Liebe.

Bitte halte jeden fremden Verkaufsdruck von mir fern und
stärke meine Wahrnehmung, damit nicht unnötige Gedanken
meine Wünsche verändern.
Aus tiefstem Herzen bitte ich Dich um Deinen Schutz vor
fremden Emotionen und Einwirkungen, damit mein Wesen in
der Tiefe unberührt den Einkauf beenden kann und nicht von
falschem Mangel und Streben nach Bestätigung beherrscht
wird.

Bitte lasse Deine Liebe durch mich strömen, damit ich frei von
allen Einwirkungen mein Dasein bewältigen kann.

Von Herzen bitte ich Dich um die rechte Wahrnehmung, um
Entscheidungen fällen zu können oder auch den Einkauf zu
beenden, bevor mein System überfordert wird.

So durchdringt mich Deine Liebe, schützt und geleitet mich.
Von Herzen danke ich Dir.

28.

AURA-SCHUTZ IM HOTEL

Auch im Hotel gibt es neben dem allgemeinen Schutz der Aura eine Besonderheit: Das Hotelbett und mitunter auch das ganze Hotelzimmer.

Manchmal kann man erleben, dass Hotels, die sich sehr stark auf Geschäftsleute und Durchreisende konzentrieren, eine gewisse Ausstrahlung an Kälte aufweisen. Zwar bemühen sich möglicherweise die Hotelangestellten, eine freundliche Atmosphäre zu schaffen und den Gast willkommen zu heißen, doch der dauernde Wechsel und die Härte der Geschäftswelt haben ihre Spuren hinterlassen.

Es ist manchmal unvermeidbar, in Hotels abzusteigen, deren Besitzer oder Betreiber nur darauf ausgerichtet sind, so viel Umsatz wie möglich zu machen. Dann wird nicht auf das Wiederkommen des Gastes gesetzt, sondern darauf, aus ihm das Möglichste herauszuholen. Dann ist auch das Hotel erfüllt mit den entsprechenden Gedankenformen, und man findet nicht wirklich Erholung oder gar Ruhe in diesem Haus.

Eines der wichtigsten Energiefelder ist jedoch das Bett, in welchem der Mensch viele Stunden verbringt. Da sein feinstoffliches Wesen in der Nacht den Körper verlässt, kann es für negative Einheiten und Energieformen mitunter leicht werden, in den Körper einzudringen und sich dort festzusetzen. Ist ein Bett noch dazu mit Stress-Energien oder niederen Emotionen und Gedanken des „Vorschläfers" erfüllt, kann es vorkommen, dass ein sensibler Mensch kaum Ruhe findet und sich in den negativen Energiewaben, die sich im und um das Bett befinden, in keiner Weise erholen kann.

Da inzwischen sehr viele Menschen geistig aufgerufen sind, auch Energien in ihrem Umfeld zu wandeln, beginnt das eigene System dann, diese Energien zu transformieren. Nicht selten enthalten diese jedoch höchst eigenwillige Strukturen und können nicht in eine positive Ausrichtung verwandelt werden. Dann ist man die ganze Nacht diesen niederen Schwingungen ausgesetzt und auch am nächsten Morgen noch intensiv davon belagert. Man meint, man hätte Schwerstarbeit geleistet und fühlt sich wie gerädert. Bleiben Menschen einige Nächte im gleichen Hotelzimmer, kann es sein, dass sie in der zweiten Nacht bereits besser schlafen, da die Energien des „Vorschläfers" schon weitgehend aufgearbeitet worden sind. Doch ist das System nach einer solchen Nacht erheblich geschwächt.

Ohne den Menschen verurteilen zu wollen, der zuvor in diesem Bett geschlafen hat, kann das nachfolgende Gebet viel Unterstützung schenken. Vielleicht befand sich dieser Mensch in einer schweren Lebenslage oder verarbeitete selbst noch altes Karma. Egal welcher Hintergrund vorliegt, sollte ein fremdes Bett, bevor darin geschlafen wird, immer den „Energien der Wandlung" übergeben werden.

HOTEL-SCHUTZGEBET

Vollendete Lichtkraft,

voller Hingabe legen wir dieses Bett und diesen Raum in Deine Hände.
Bitte wandele alle negative Energie, die darin enthalten ist, in Deine Liebe.

Bitte durchdringe alle Schichten, damit das Licht der Wandlung strömen kann und Negatives weichen muss in Deiner Ordnung.

Bitte stärke unsere Aura und unser Wesen, damit wir kraftvolle Mitarbeiter im Großen Plan sein dürfen und schenke uns Klarheit und Liebe, damit wir frei und ohne äußeren Zwang vorwärts schreiten können.

Von Herzen danken wir für Deine Hilfe und spüren, wie Gefühle der Ruhe und Klärung den Raum durchdringen und uns den notwendigen Schutz für die Nacht schenken.

29.

AURA-SCHUTZ IN DER NACHT

Vor allem in der Nacht ist der Mensch zurzeit aufgerufen, sehr viel Energie zu verarbeiten. Diese Energien können persönlicher Natur sein oder man ist bereit, bei kollektiven Prozessen mitzuwirken. Mitunter wird das feinstoffliche Wesen auch abgeholt und in der geistigen Welt unterrichtet, oder der Mensch ist selbst aufgerufen, anderen Seelen seine Erfahrungen mitzuteilen.

Diese nächtlichen Geschehnisse haben nicht immer nur mit Karma zu tun. Sehr oft zeigt sich, dass sogenannte „Lebensreste" zur Aufarbeitung gelangen. Unter „Lebensreste" verstehen wir Gefühle und Gedanken, welche in den einst erlebten Situationen nicht angenommen oder aufgelöst werden konnten.

Der Fall von Gertrud ist ein Beispiel, in dem sich die Betroffene seit einiger Zeit nachts durch alle möglichen peinlichen Erlebnisse und unangenehmen Situationen hindurchkämpft. Angefangen mit ihrer Arbeitsstelle, an der sie vor der Geburt ihrer Kinder gearbeitet hatte, über ihre Lehrzeit, die sehr schwierig und schmerzvoll war, über ihre Teenager-Jahre bis hin zu Situationen in der Kindheit, die sie glaubte, schon lange vergessen zu haben.

Seit einiger Zeit ist es möglich, in noch tieferen Schichten der menschlichen Aura Ablagerungen und Verdrängungen zu verarbeiten. Gefühle, die man vor langer Zeit weit von sich geschoben hatte, stehen in der heutigen Zeit der Wandlung alle zur Verarbeitung an. Sie sammeln sich meist vor dem Solarplexus und dem Herz-Chakra, um hier vom System angenommen und mit der höheren Kraft umgewandelt zu werden. Alle diese Emotionen und Gedanken sind aus der Kraft des Menschen geschaffen worden und verharrten bis dahin als Ablagerungen in den hinteren Aura-Schichten. Sobald diese Energie angenommen und verwandelt wurde, steht sie dem Menschen wieder als freie geistige Kraft zur Verfügung. Das ist sehr wichtig, damit alle Anhaftungen abgelöst und alle Felder durchlichtet werden können. Wenn in der Aura viele Ablagerungen vorhanden sind, kann das Licht an diesen Stellen nicht fließen. Es herrscht Dunkelheit. Mit jeder Verarbeitung geht „ein weiteres Licht" auf, und die Führung und Kraft der höheren Energien kann diese Bereiche erhellen.

Diese Aufarbeitung mag mitunter unangenehm sein, doch stellt sie einen wichtigen Aspekt im gegenwärtigen Wandel dar. Nicht immer werden die alten Erlebnisse auch als solche wahrgenommen. Häufig werden sie vom Unterbewusstsein mit aktuellen Situationen oder Filmresten vermischt und man glaubt, nur wirres Zeug zu träumen. Doch gehört dies alles zur Verarbeitung dazu. Je weniger in solchen Zeiten aufregende Filme angeschaut werden, umso ruhiger kann das Unterbewusstsein in Harmonie mit dem Oberbewusstsein in der Nacht aufräumen.

Auch wenn man in einer „akuten Lebensphase" steckt, erfolgen in der Nacht mitunter tiefgreifende Wandlungsprozesse, die von der geistigen Welt intensiv unterstützt werden. Dann wacht man morgens auf und fühlt sich völlig erledigt und erschöpft.

Doch auch hier versuchen die geistigen Helfer, dem Menschen Energie zukommen zu lassen, damit dieser energetisch nicht so stark zu leiden hat. Dann kann es vorkommen, dass man auch mit wenig Schlaf nicht allzu große Erschöpfung empfindet. Das funktioniert allerdings leider nicht immer. In den meisten Fällen werden die „energetischen Aufräumarbeiten" als extrem anstrengend empfunden. Wobei auch die Beteiligung an kollektiven Aufarbeitungen sehr anstrengend sein kann.

Das folgende Beispiel zeigt eine solche Möglichkeit auf.

Jennifer arbeitet in einer Schule, in der man sich viele Gedanken über Ethik und Wertvorstellungen macht und die Lehrerinnen und Lehrer versuchen, diese Werte auch an die Kinder weiterzugeben. Sie gestalten liebevoll ihren Unterricht, doch stoßen sie immer wieder auf Gegenwehr und sind damit teilweise völlig überfordert.

Neben dem allgemein wachsenden Egoismus mancher Kinder, ihrem Aggressionspotenzial und dem offenen Widerstand, üben auch manche Eltern oft einen großen Druck aus. Sie wollen ihr Kind nur im hellsten Licht sehen und beschimpfen die Lehrer, wenn es Probleme gibt. Die anderen Kinder, in deren Seele bereits sehr viel Licht strahlt und die bereits Erdenbürger der neuen Zeit sind, müssen unter diesen Aspekten genau so leiden wie die Lehrerinnen und Lehrer, die sich um eine stärkere Verwirklichung der Liebe bemühen.

Manche Lehrkräfte haben auch den Unterrichtsstoff etwas verändert, um den neuen Anforderungen besser gerecht zu werden, und stoßen dabei auf einen erbitterten energetischen Widerstand. Das Schulfeld selbst weigert sich, Veränderungen anzunehmen. Über Jahrzehnte hat sich ein Wesen geformt, welches massiv und aktiv seine ihm eingeprägten Vorstellungen – ohne Bereitschaft zur Veränderung – aufrechtzuerhalten versucht.

Das mag im ersten Moment vielleicht etwas seltsam klingen, doch existieren solche Felder in fast allen größeren oder älteren

Organisationen. Ziegelstein um Ziegelstein wurde mittels einer alten Denkweise ein Gedankengebäude errichtet, und teilweise hängen noch abgespaltene Seelenteile von längst verstorbenen „Miterbauern" daran, die starr an ihren alten Vorstellungen festhalten. Sie glauben, eine Veränderung und Erneuerung bedeute gleichzeitig das Eingeständnis, dass das Alte falsch oder schlecht gewesen sei. Sie erkennen nicht, dass es ganz einfach eine Erneuerung und Veränderung im Zuge von Wachstum und Entwicklung geben *muss*. Jedes Wasser, das sich nicht bewegt, wird zur stinkenden Kloake. So ist es auch im Feinstofflichen. Man kann das inzwischen in sehr vielen Organisationen oder Lebensformen erkennen. Alles erkrankt und wird aufgelöst, wenn es sich nicht verändern will. Auch hier ist es der pure Eigenwille, der keine Veränderung duldet und sich in seiner „Ehre" verletzt sieht.

Auch Politiker, die einen anderen Weg als bisher einschlagen wollen, werden angegriffen oder stark behindert. Kirchenmitgliedern, die andere Wege ihres Glaubens für richtig halten, wird nicht erlaubt, Neuland zu betreten oder die Überlieferung neu zu überdenken. Selbst wenn Beweise vorliegen, dass bestimmte Dinge nicht stimmen können, werden sie geflissentlich verdrängt und unterdrückt, damit sich nichts verändern muss und die alte Starre beibehalten werden kann.

Auf der energetischen Ebene sind solche Menschen, die eine Veränderung und Erneuerung in Harmonie mit den Schöpfergesetzen erreichen möchten, stets an der Wandlungsenergie beteiligt. Das kostet Kraft, wird jedoch von der geistigen Welt mit großer Liebe gefördert.

Jennifer, in unserem Beispiel mit der Schule, hatte auch persönlich einen alten Seelenteil aus dem kollektiven Feld der Schule zurückzunehmen. Sie unterrichtete in einem früheren Leben als Mann und war ein harter und unnachgiebiger Lehrer. Die Kinder sollten gezüchtigt werden, und wehe sie begehrten gegen die Erwachsenen auf. Das Ansinnen des damaligen Lehrers war es, exakt die Schulvorgaben zu erfüllen und der Obrigkeit besonders gefällig zu sein.

Jennifers Seele ist inzwischen weiter gewachsen, und sie setzt sich nun für ein neues Schulsystem ein. Sehr viel ihrer Wandlungsarbeit erfolgt in der Nacht, damit sie tagsüber für die höheren Intuitionen geöffnet bleibt.

Sehr vielen Menschen geht es zurzeit auf ihre ganz persönliche Art genauso. Es vollzieht sich sehr viel Wandlung. Manches wird bewusst, sehr viel vollzieht sich jedoch auf der Astralebene, da der Mensch in seiner Erkenntnis den Hintergrund bereits erfasst hat. Dann müssen keine ähnlichen Situationen durchlebt werden, da die Gesetzmäßigkeit bereits erkannt wurde. Es geht ausschließlich noch um die restlichen energetischen Altlasten.

Doch leider hat das energetische Geschehen in der Nacht nicht immer mit Entwicklung und Aufarbeitung zu tun. Wenn die Seele den Körper verlässt, bemühen sich sehr viele dunkle Energien und negative Gefühle von anderen, sich in das persönliche Feld zu bohren. Das können Verwandte sein, denen man nach ihrer Auffassung nicht gefällig war, oder Neider, die einem den Erfolg missgönnen. Der Unmut anderer Menschen versucht schnell, sich zu übertragen, und dann hat man in seiner Aura mit deren negativer Energie zu tun.

Das folgende Gebet kann diesbezüglich in den verschiedensten Situationen genutzt werden:

SCHUTZGEBET FÜR DIE NACHT

Höchste Schöpferkraft,

von Herzen bitten wir dich um die Weisheit Deiner Führung und um den Schutz und Segen für diese Nacht.
Bitte durchdringe unser Wesen, damit Deine Ordnung einkehren und Dein Wille geschehen kann.

Wir bitten Dich um Ablösung aller Altlasten und um die Rückführung aller Seelenteile, damit wir in Zukunft befreit und in Deinem Sinne wirken können.
Bitte erfülle uns mit der Kraft Deines Segens, damit wir neben unserer eigenen Aufarbeitung auch bei eventuellen Mithilfen für kollektive Felder unseren Beitrag leisten können.

Bitte beschütze uns in dieser Nacht und lasse Deine Engel über uns wachen, damit nichts Fremdes eindringen oder sich negative Gedanken und Emotionen anhängen können.

Wir fühlen Deine Liebe und wissen, dass Du stets bei uns bist.
Unser Dank gilt auch allen Engeln, die uns in Deinem Namen führen und begleiten, bei Tag und auch in der Nacht.
Bitte beschütze auch alle anderen Menschen und alle Wesen dieser Erde auf ihrem Weg zu Dir.

Wir danken Dir dafür.

30.

AURA-SCHUTZ BEI DISKUSSIONEN ODER GESPRÄCHSRUNDEN

Bei Diskussionen oder in Gesprächsrunden, bei denen es relativ hart um den jeweiligen Standpunkt der einzelnen Personen geht, trifft man mitunter sehr ausgeprägte Gedankenformen an, die mit intensiven Emotionen gespickt sind. Doch selbst wenn der Umgangston weniger rau ist, können dennoch Elementale vorhanden sein, welche hartnäckig versuchen, in die Aura einzudringen und das Gegenüber von dem Standpunkt zu überzeugen, mit dem die Gedankenform geprägt ist. Manchmal sind dies auch kollektive Abspaltungen, die sich innerhalb von bestimmten Gruppierungen oder Richtungen geformt haben. Immer jedoch sind sie erschaffen, um den freien Willen zu manipulieren und denjenigen, auf den es die Form abgesehen hat, umzupolen und seine Meinung zu verändern.

Leider sind sehr viele Diskussionen eher geeignet davonzulaufen als zuzuhören. Zahlreiche Teilnehmer wollen meist gar nicht hören, was andere zu sagen haben oder gar von ihnen etwas Neues lernen. Es geht ausschließlich darum, sich zu rechtfertigen, den eigenen Standpunkt penetrant durchzusetzen oder dem anderen die eigene „Wahrheit" aufzudrängen. In solch einem Fall geht es hauptsächlich um Profilierung oder um den Versuch, andere Menschen mit manipulativer Energie auf die eigene Seite zu ziehen. Mit einem Gedanken- oder Informationsaustausch hat das nichts mehr zu tun.

Bei einer energetisch ausgeglichenen Gesprächsrunde kann man den Lauf der Energien detailliert verfolgen. Die Person, die gerade spricht, hat in diesem Moment den höchsten Energiepegel. Da die anderen Menschen ihre Aufmerksamkeit, und somit auch ihre Energie, auf den Sprecher richten, fließt diesem ein verstärktes Maß an Energie zu. Sind die Beteiligten nicht auf Manipulation und Macht aus, sondern fühlen sich gleichberechtigt, mischen sich auch keine weiteren Ego-Energien mit ein. Dem Sprecher ist es in solch einem Fall möglich, an ein erweitertes Potenzial in seinem Inneren heranzukommen oder durch die positive Energie-Erhöhung sogar Eingebungen zu erhalten. Hat diese Person ihren Beitrag geleistet, erkennt man deutlich, dass die Energie weiterwandert. Im Inneren kann gefühlt werden, welcher Partner jetzt an der Reihe ist zu sprechen, und auch dieser erhält dann die bestmögliche Energie und den optimalen Impuls, um seinen Beitrag zu leisten. Alle Teilnehmer spüren in ihrem Inneren, wohin die Energie geht und lassen sich gleichberechtigt zu Wort kommen.

Es entsteht auch kein Stress in der Runde, da der jeweilige Sprecher keine Angst haben muss, nicht aussprechen zu dürfen oder gar für seinen Beitrag belächelt zu werden. Er fühlt sich als angenommenes Mitglied der Gesprächsrunde. So kann auch er ruhig bleiben und muss die anderen nicht überzeugen. Das würde zudem den geistigen Gesetzmäßigkeiten zuwiderhandeln, da der freie Wille und die freie Entscheidung immer das grundlegende Gebot für jeden Menschen sein sollte.

Wird ein Sprecher nicht von negativen Kräften angegriffen und will keine schützenden Energiemauern aufbauen, da sich die Gruppe in einem niveauvollen Umgang befindet, verläuft die Diskussion konstruktiv. Dies wäre die optimale positive Energienutzung. Dann können sich auch höhere Wesen energetisch an der Gesprächsrunde beteiligen und bei Bedarf über die Intuition Informationen zufließen lassen. Von einer Runde, in der es stark um das Ego geht, um Profilierung und Rechthaberei, hält sich jedes höhere Wesen fern. Warum sollte es sich auch „einmüllen" lassen oder sich innerhalb von dunkler Energie aufhalten. Ein hellsichtiger Mensch kann sofort wahrnehmen, wie es sich mit dem Energiestatus verhält, indem er warhnimmt, wie viele feinstoffliche Lichtwesen anwesend sind.

Die Themen müssen für die Anwesenheit der höheren Engel überhaupt nicht spirituell sein; sobald die Menschen auf höhere Werte ausgerichtet sind und aufrichtig nach Lösungen suchen oder um Austausch bestrebt sind, kann man davon ausgehen, dass ihnen auch Lichtwesen zur Seite stehen und mithelfen.

Lässt es sich nicht vermeiden, an weltlichen Diskussionen oder Gesprächsrunden, an Meetings oder Gruppengesprächen teilzunehmen, bei denen schon im Vorfeld klar ist, dass keiner ausreden darf, da jeder nur Recht haben will oder in denen es nur um Profilierung statt um Austausch geht, kann das nachfolgende Schutz-Gebet hilfreich sein.

Sie können sich auch selbst innerhalb einer Gesprächsrunde beobachten. Haben Sie selbst noch einen rechthaberischen oder aufdringlichen Teil in sich, dem es darum geht, andere auf seine Seite zu ziehen, der nicht warten kann und will, wie sich die Lage zeigt, sondern der mit voller Energie vorprescht; dann ist es vorteilhaft, diesem Teil Ruhe und Stille zukommen zu lassen und ihm mitzuteilen, dass die Freiheit des Geistes auch für alle anderen das höchste Gebot darstellt und man vertrauensvoll annehmen kann, welche Richtung das Gespräch auch nimmt und welchen Ausgang es aufweist.

So kann es durchaus sein, dass die Mitglieder der Runde in einem eigenwilligen Streitgespräch, das man durchaus auch als „Kampfring" bezeichnen kann, denn nichts anderes ist es aus geistiger Sicht, Sie selbst gar nicht zu Wort kommen lassen wollen. Dann kann es vorteilhaft sein, kurz anzusprechen, dass es offensichtlich doch darum geht, jede Position anzuhören und gemeinsam um eine Lösung oder ein Ergebnis bemüht zu sein. Bitten Sie ruhig laut die Runde, Sie aussprechen zu lassen, da man sich doch nicht im Kampf befinde, sondern eine niveauvolle Gemeinschaft bilde.

GEBET FÜR DISKUSSIONSRUNDEN

Unendliche Schutzkraft,

von Herzen bitte ich Dich heute um Deinen Schutz und Deinen Segen für meine Person.

Bitte wehre fremde Gedankenformen ab, die in meine Aura eindringen wollen, und stärke mein Wesen, damit ich unabhängig und kraftvoll meinen Beitrag leisten kann. Bitte erfülle meine Aura mit Deiner Kraft und lasse durch mich positive Energien in den Raum fließen. Bitte lasse mich zum Träger Deiner Weisheit werden und Positives in das Gespräch einbringen.

Mögen die Teilnehmer der Diskussionsrunde erfüllt werden mit der Kraft Deiner liebevollen Energie, und möge das Ergebnis dazu dienen, sich weiterzuentwickeln und zu reifen.

Bitte schütze mich vor den Zugriffen fremder Gedanken und Emotionen und lasse Klarheit und Kraft in mich fließen.

Dankbar empfinde ich Deine Fürsorge, Deinen Segen und fühle mich Dir nahe.

31.

AURA-SCHUTZ
VOR FREMDEN GEDANKEN

In den vorangegangenen Kapiteln haben wir bereits verschiedene Situationen angesprochen, in denen fremde Gedanken versuchen können, in die Aura einzudringen, doch im Alltagsgeschehen sind die Möglichkeiten dafür sehr mannigfaltig.

Hier stellt sich auch die grundsätzliche Frage, was sind denn überhaupt *meine* und was sind *fremde* Gedanken? Nehmen wir vielleicht grundsätzlich Gedanken wahr, die andere Menschen bereits in anderen Evolutionslinien gedacht haben, da sie sich auf der gleichen Bewusstseinsebene befunden haben? Sind wir vielleicht nur „Radios", welche mit der entsprechenden Wellenlänge die entsprechend eingestellten Gedankenschwingungen aufnehmen können?

Sicherlich ist eine entsprechende Eingestimmtheit notwendig, damit beispielsweise Erfinder oder Physiker aus den höheren Erkenntnisebenen gewisse Wahrheiten aufnehmen können. Erst ab einem bestimmten Entwicklungsniveau ist es möglich, Lösungen für ganz spezielle Ereignisse zu finden oder sich auf den höheren Willen einzustimmen. Auch sind viele Informationen der Intuition zuzuordnen, die uns von unseren Schutzengeln oder von der eigenen Seelenebene zufließen. Dann sind sie sozusagen nicht selber gedacht, sondern nähern sich dem Menschen von außen. Sobald die Kraft in einem kollektiven Gedankenfeld stark genug ist, können sich auch Menschen die in ihm gespeicherten neuen Erkenntnisse erschließen, die zuvor noch nicht dafür bereit waren.

Doch ist auch hier stets der freie Wille für Entwicklung und Erneuerung notwendig, damit die entsprechenden Schwingungen im Gehirn erzeugt werden beziehungsweise einfließen können. Es findet in vielen Fällen bei anscheinend völlig neuen Erfindungen nichts anderes statt als eine Wiederauffindung im kollektiven Gedankengut der Menschheit. In der Materie zeigt sich dann eine Erneuerung, die aufgrund der gegenwärtigen Entwicklung möglich ist. So kann es durchaus geschehen, dass zwei Menschen, die sich auf die Lösung eines bestimmten Problems einstimmen, zur gleichen Zeit die gleiche Lösung finden, da sie sich beide öffnen konnten und das Einströmen dieser Information möglich war. Wer kann dann sagen, dass er der Erfinder ist? Kann man den anderen des Gedankendiebstahls bezichtigen? Sollten nicht alle Menschen einfach froh sein, wenn sie neue Gedanken wahrnehmen oder geistig so offen sind, dass sie den Hinweisen der geistigen Welt folgen können?

Jeder Mensch ist ein Erzeuger von Gedanken und Emotionen, daran kann es keinen Zweifel geben. Daher sollte man immer offen lassen, ob man vielleicht selbst in einer früheren Evolutionslinie bereits über eine bestimmte Einsicht verfügte oder man „neue" Informationen aufnehmen konnte, die wie eigene Gedanken einströmen durften. Solche helfenden und erneuernden Gedankenströme sollte man natürlich willkommen heißen und sich der Öffnung des Geistes nicht in den Weg stellen.

In diesem Kapitel soll es hauptsächlich darum gehen, dass sich negative fremde Gedanken nicht im eigenen System festsetzen können. Gedanken, die nicht einem höheren Ziel dienen, die

Freiheit des Geistes einschränken wollen und ihr eigenwilliges Potenzial in andere Menschen einschleusen möchten.

So können beispielsweise an der Kasse eines Supermarktes bereits ganze Horden fremder Gedanken lauern, welche nichts anderes im Schilde führen, als sich Menschen aufzuzwingen. Das ist ein bekanntes Phänomen, und Menschen, die rauchen oder über Alkohol gerne ihre Probleme verdrängen, sind natürlich leicht zu verführen, an den Kassen Alkohol oder Zigaretten zu kaufen.

Da man an den Kassen warten muss und in dieser Zeit besonders offen ist für Einflüsse von außen, werden nicht selten wahre „Gedanken- und Verkaufspyramiden" gestapelt. Da werden Billigwaren angeboten, um noch ein bisschen „sparen" zu können, oder alle Verführungen offeriert, die von Pralinen über Bonbons bis zu Gummibärchen reichen. Gegenüber der Vielfalt des Angebotes ist gar nichts einzuwenden, doch werden hier häufig die Wünsche des Einzelnen völlig übergangen. Der Kunde kauft dann nicht für sich, sondern fremden Energien kaufen für ihn oder durch ihn ein.

Ist man bewusst und erwirbt nur Waren, die man wirklich möchte, hat danach niemand ein schlechtes Gefühl. Fühlt man sich jedoch genötigt oder von fremden Gedanken-Waben beeinflusst, sollte man einschreiten.

Hier ist es natürlich auch wichtig, mit einem eventuell vorhandenen eigenen Suchtpotenzial selbstkritisch umzugehen und zu prüfen, ob man Energien des Mangels in sich verarbeiten muss, die sich über Kaufzwang äußern können oder auch in übermäßigem Sparsinn.

Die Möglichkeiten fremder Einflüsse von Gedanken und Emotionen sind so umfangreich wie die Wahrnehmungen im Alltag selbst. In fast allen Situationen des Lebens ist es deshalb vorteilhaft, darauf zu achten, dass man in der eigenen Mitte bleibt und sich nicht von Äußerlichkeiten manipulieren lässt.

Auch bei Verkaufsgesprächen kann es immer wieder vorkommen, dass man sich „einwickeln" lässt und etwas kauft, für das man gar keine Verwendung hat. In Zeiten von Überforderung oder Schwäche kann man dies besonders häufig beobachten. Der Verkäufer meint es mitunter gar nicht schlecht, doch ist es für den Einzelnen einfach nicht sinnvoll und nützlich.

Für die verschiedenen Beinflussungssituationen kann das folgende Gebet hilfreich sein. Es ist besonders kurz gehalten, damit man es in Situationen, in denen es erforderlich ist, schnell einsetzen kann.

GEBET ZUM SCHUTZ VOR FREMDBEEINFLUSSUNG

Höchste Schutzkraft, vollendete Liebe,

aus tiefstem Herzen bitte ich Dich um Deinen Schutz.
Bitte bewahre meine Seele, meinen Körper und meinen Geist
vor allen fremden Zugriffen und lasse mich ganz in Deiner
Weisheit geborgen sein.

Meine Aura erstrahlt mit Deiner Energie und lässt alles
abprallen, was nicht zu mir gehört und nicht in Deiner Liebe
schwingt.

Von Herzen danke ich Dir und fühle mich geborgen in Deiner
Nähe.

32.

AURA-SCHUTZ BEI WICHTIGEN TERMINEN, PRÜFUNGEN ODER VORSTELLUNGSGESPRÄCHEN

In diesem Kapitel beschäftigen wir uns nicht nur mit den Einwirkungen von außen, sondern auch mit den Energieströmen, die der Mensch selber in Stress-Situationen erschafft und verwirbelt. Auch durch eine veränderte Einstellung kann man wieder mehr zur Ruhe finden und über den Atem die Energieströme ordnen.

Der Stress, der sich ergibt, wenn man vor wichtigen Terminen oder Gesprächen steht, zeigt ja auch an, dass dem Menschen das Treffen wichtig ist. Was auch gut so ist; denn die Aufregung kann Hormone freisetzen, die den Menschen zu besonderer Wachsamkeit veranlassen und so im Gespräch durchaus positiv wirken können. Doch bei einer unkontrollierten Gefühlslage gerät der Körper in eine panikartige Energiewelle, und diese wirkt sich nicht mehr positiv aus. Das betrifft sowohl den feinstofflichen als auch den Körperbereich, mit Schweißperlen auf der Stirn, schwitzigen Händen oder gerötetem Gesicht. Dies bietet einem nicht wohlgesonnenen Gegenüber immer eine gewisse Machtstellung, die von ihm schnell ausgenutzt werden kann.

So wichtig berufliches Weiterkommen oder bestimmte Termine auch sein mögen, das Allerwichtigste bleibt doch die Verbindung mit dem Göttlichen und der Weg dorthin. Nichts Weltlichem sollte man innerlich zu große Macht über sich selbst einräumen. Deshalb sollte man immer bereit sein, wenn bestimmte Wege nicht begangen oder bestimmte Stellungen oder Jobs nicht erreicht werden können, zu akzeptieren, dass dies dann auch nicht im Sinne der geistigen Führung lag.

Es ist in den meisten Fällen das starke Drängen und der ausgeprägte Wunsch des Egos, bestimmte Ziele zu erreichen, ohne zu fragen, ob dies im Sinne der eigenen Seele auch gewünscht wird. Ist solch ein Weg gewünscht, wird er auch gelingen. Dieses Vertrauen in die geistige Führung und die Kraft, die daraus erwächst, kann die Basis für den eigenen Weg bilden.

Wenn bestimmte Dinge zu stark „gewollt" werden, schwingen sie selten in Harmonie mit dem Schöpferwillen. Dann würde man die Kraft spüren, die einem in diese Richtung führt, und müsste nicht die „harten Energien" des Egos aktivieren, um die gesetzten Ziele zu erreichen. Aus diesem Grunde wirken Machtmenschen auch so hart. Sie haben die Weichheit des geistigen Weges verloren und erstarren immer mehr aufgrund der Härte ihres Willens. Persönliche Kraft wird dadurch entzogen, dass der Wille nicht mehr aus höheren Ebenen gespeist wird, sondern die Energie immer nur irgendwo auf den menschlichen Ebenen abgezogen wird.

Es zeigt sich auch vor Prüfungen immer wieder, dass ein Großteil des Stress-Feldes in der Aura nicht vom Menschen selber herrührt, sondern von Gedanken und Emotionen aus der Außenwelt, die sich kollektiv aufgebaut haben und am Stress und der Angst des Menschen laben. Manchmal haben Menschen auch regelrecht Freude daran, sich zu profilieren, indem sie allen mitteilen, wie gestresst sie sind und wie wichtig ihre Prüfung sei. Endlich haben sie etwas, womit sie sich groß und wichtig fühlen können. Ganz schnell heften sich solche fremden Elementale in der Aura fest und versuchen mit großer Intensität, den Stress-Pegel hoch zu halten, damit sie möglichst viel Energie abziehen können.

Dies soll nicht heißen, nachzulassen in seinem Bemühen, die zur Zeit möglichen Ziele zu verfolgen, sondern es geht hier ausschließlich um energetische Aspekte, also um die emotionale und mentale Einstellung zu den aktuellen Vorgängen. Beachtet man die Wünsche der höheren Führung, muss man gar nicht so massiv einwirken, da geschehen wird, was geschehen soll.

Der Stress vor Prüfungen oder wichtigen Gesprächen wird sich wohl nie vollständig ausschalten lassen, denn dann wäre man ja völlig lethargisch, doch der überbordende Stress-Pegel kann eingedämmt und auf eine höhere Energieebene eingeschwungen werden. Der ruhige Atem und die Erinnerung an den geistigen Weg sind hier eine wichtige Hilfe. Auch das folgende Gebet kann sehr hilfreich sein.

SCHUTZGEBET BEI WICHTIGEN GESPRÄCHSTERMINEN

Vollendete Liebe, höchste Gottheit,

Mit dem tiefen Sehnen unserer Seele bitten wir Dich und alle Deine Engel, uns auf unserem Weg zu führen und zu leiten. Bitte durchdringe uns für diesen Termin mit der Strahlkraft Deiner Liebe.

Von Herzen bitten wir Dich, alle fremden Stress-Anhaftungen in Deine Liebe umzuwandeln oder abzulösen, damit Dein Wille zum Tragen kommen kann.

Bitte schenke uns Vertrauen, wo wir noch hadern, erfülle uns mit Zuversicht, wo wir schwanken, und erfülle uns mit Kraft, wo wir noch schwach sind.

Bitte schenke uns die richtige Intuition, um alle Vorgaben zu meistern und erfülle unser Wesen mit Deiner Klarheit. Wir bitten Dich, auch in unserem Gegenüber Deine Liebe wirken zu lassen, damit sich alles gemäß Deiner Weisheit ereignen kann.

Auch wenn Entscheidungen gefällt werden, die wir im Moment noch nicht verstehen können, sind wir dennoch dankbar und voller Vertrauen, dass wir stets in Deiner Führung und Deiner Liebe schwingen.

Wir wissen, dass wir geführt werden,
wir fühlen, dass wir geborgen sind und
wir setzen uns ein, damit wir unser Leben in Deinem Sinne
leben können.

Von Herzen danken wir Dir für Deine Führung.

33.

AURA-SCHUTZ BEI VERANSTALTUNGEN UND VORTRÄGEN

Die geistige Welt gibt immer wieder den Hinweis, dass wir uns wegen des Aura-Schutzes auch nicht verwirren lassen sollen. Nicht alles ist unangenehm, nicht alles ist negativ. Es gibt Vortragsredner, die ohne Manipulationsgedanken ihre Informationen weitergeben und liebevoll ihrer spirituellen Aufgabe nachkommen. Dann existiert in keiner Weise ein unangenehmer Energiestrom oder irgendwelche zwanghaften Muster, die einwirken oder auf den Zuhörer übergreifen möchten.

Daher soll dieses Buch in keiner Weise die Arbeit jener Menschen schmälern, die liebevoll und in Harmonie mit dem Göttlichen Plan ihrer Aufgabe nachkommen. Hier geht es nur darum, in den Fällen die Möglichkeit des Schutzes zu bieten, in denen die Energie auf Macht oder Unterdrückung ausgerichtet ist, in denen der Eigenwille die Oberhand hat oder Nächstenliebe und Gott-Suche noch ein Fremdwort darstellen.

Man darf auch davon ausgehen, dass man selbst ohne Gebete einem persönlichen Schutz untersteht. Doch sobald man sich selbst nicht in Harmonie befindet oder die Einflüsse von außen zu stark werden, wird das Schutzsystem sehr schnell abgeschwächt. Da zudem die Lebensebene des Menschen inzwischen kollektiv so stark auf den Eigenwillen ausgerichtet ist, ist es immer sinnvoll, den höheren Schutzmächten bewusst den Weg zu öffnen.

Es ist immer wieder wahrnehmbar, dass Menschen, die nie über Gott sprechen, die sich nie um ein Gebet gekümmert haben oder einer Religion angehören, dennoch ein Leben in Liebe leben und eine warme Ausstrahlung verbreiten. „An ihren Taten werdet ihr sie erkennen!", hat deshalb Jesus Christus gelehrt.

In einem Vortragsraum oder bei Großveranstaltungen können sich eine Menge anderer Energien einschleichen und wirken wollen. Referiert der Redner beispielsweise über bestimmte religiöse oder politische Gruppierungen, kann es sehr schnell sein, dass das kollektive Feld der jeweiligen Gruppe intensiv versucht, neue Mitglieder zu werben. Dann werden ganze Heerscharen von kleinen Elementalen ausgesandt, um auf die Zuhörer einzuwirken und diesen „die Wahrheit" zu verkünden. Selbst von einem vorhergegangenen Vortrag können sich manipulative Gedankenformen noch in einem Vortragsraum befinden, die auf den Menschen übergreifen möchten.

Es kann auch sein, dass genau hinter oder neben einem ein Mensch mit einer extrem unangenehmen Ausstrahlung sitzt, dessen Aura angefüllt ist mit harten und lieblosen Gedanken und Gefühlen. Dann bekommt man vielleicht das Gefühl, von hinten gleichsam erdrückt zu werden. Solche Kräfte versuchen immer überzugreifen, entweder im Zorn oder aus Machtgier, und schnell besetzen sie den hinteren Aura-Bereich oder versuchen gar, über das rückwärtige Hals-Chakra in das System des Menschen einzudringen.

Öffnet man sich bei Vorträgen oder Veranstaltungen dem Redner oder den Wahrheiten, die dieser übermittelt, kommt es nicht selten vor, dass diese Öffnung von Fremden ausgenutzt und missbraucht wird. Dann ist zwar der Inhalt des Vortrages sehr lichtvoll, dennoch fühlt man sich danach wie beladen, da das

Einlassportal genutzt wurde, um beispielsweise energetischen Abfall oder sonstige negative Strukturen abzuladen.

Auch wenn man den Inhalt von Vorträgen als Wahrheit erkennt oder gut findet, sollte man immer beachten, dass man sich nicht darin verliert oder gar be-geistert wird. Überschwängliche Emotionen sind immer Öffnungen im Energiefeld, über welche alles Mögliche eindringen kann. So ist man schnell mit einem fremden Geist be-geistert und weiß bald nicht mehr, wer man ist.

Die Verschiedenartigkeit solcher Energieeinheiten entspricht immer den Strukturen, welche sie ausgesandt oder erschaffen haben. Manchmal wirken sie gar nicht gleich in den nächsten Tagen, sondern erst nach einiger Zeit spürt man, dass etwas nicht stimmt und man sich häufig gar nicht mehr wohl fühlt. Dann beginnt die große Suche nach der Ursache, und es dauert mitunter einige Zeit, bis der Zeitpunkt oder der Grund gefunden wird.

Auch hier kann ein Gebet das Bewusstsein stärken und den notwendigen Schutz geben.

GEBETSSCHUTZ ALS ZUHÖRER

Höchste Schöpferkraft,

in tiefer Verbundenheit bitten wir Dich um Deinen Schutz in dieser Veranstaltung.
Bitte durchdringe unser Wesen mit der Kraft Deiner Liebe und stärke unsere Aura, damit nichts Fremdes anhaften oder eindringen kann.

Bitte wandele alle negativen Energien in unserem Umfeld in Deine Liebe, Kraft und Harmonie und erfülle unsere Aura mit Deiner Ordnungskraft.

Wir bitten Dich uns beizustehen, wenn wir noch bestimmte Erkenntnisse sammeln müssen. Wir bitten Dich um die notwendige Kraft, diese anzunehmen und positiv umzusetzen.

Bitte erfülle alle Menschen in diesem Raum mit Deiner Liebe, um allen die Möglichkeit zu schenken, sich Deiner Ordnung zu widmen.

Von ganzem Herzen danken wir für Deinen Schutz und fühlen,
wie Deine Liebe uns kraftvoll unterstützt.

34.

AURA-SCHUTZ VOR ENERGIEVAMPIREN

Kennen Sie das Phänomen? Sie haben mit einem anderen Menschen gesprochen, und bereits nach kurzer Zeit überkommt sie das Gefühl, als ob eine lähmende Schwäche ihren Körper durchzieht. Plötzlich fühlen Sie sich ganz schlecht. Oder Sie legen den Hörer nach einem Telefonat auf und fühlen sich ausgesaugt und elend. Dann hatten sie es vermutlich mit einem Menschen zu tun, der auf ihre Kosten seinen Energiehaushalt aufgeladen hat.

Wenn man mit einer Freundin (einem Freund) oder einem Familienmitglied spricht, von denen man weiß, dass sie sich gerade in einer schwierigen Situation befinden, kann es durchaus auch danach zu einem Gefühl großer Müdigkeit kommen. Doch hier handelt es sich meist um eine in der Tiefe ihres Wesens zugelassene Energieübertragung, die dem anderen echte und von „oben" gewünschte Unterstützung zukommen lässt.

Doch hier beziehen wir uns auf Menschen, die es konkret und egoistisch auf die Energien anderer Menschen abgesehen haben. Man könnte nun meinen, dass sich solche Menschen doch an ihrer Art und Weise erkennen lassen müssten oder an dem, was sie sagen oder tun, doch so einfach ist das nicht immer. Manchmal erkennt man erst mit der Zeit, was sich im Kontakt mit dieser Person innerlich abspielt.

Gelegentlich lässt sich allerdings erkennen, wenn jemand ein Energieräuber ist. Dann sprechen solche Menschen immer davon, wie schlecht es ihnen geht und wie bedauernswert sie sind, was sie alles mitmachen müssen und was sie alles unternehmen, um gesund zu werden. Dann wird kräftig auf die „Mitleidsdrüse" gedrückt, damit sich das Gegenüber öffnet und energetisch eingedrungen werden kann.

Manche Menschen gehen versteckter vor, indem sie mit Lob und einschmeichelnden Worten das Energiefeld des Gegenübers zu öffnen versuchen. Das Wort „einschmeicheln" trifft den energetischen Zustand sehr gut. Es wird eine Energieübergabe für das Ego durch Lob vorgetäuscht, und wenn sich der Mensch auf die Aufnahme solcher Energie einlässt, ist seine Aura geöffnet. Schwammige, schleimige Energie versucht, sich an das Energiefeld des Betreffenden zu hängen, einzudringen und Energie abzuziehen. Schlingenartig umweben solche Energien manchmal die Aura ihrer Opfer. Nicht selten wollen sich die angegriffenen Menschen danach erst einmal schütteln, um die vampirartigen Waben und Energien sofort abzuwerfen. Mitunter wird sogar Ekel empfunden, was gar nicht so weit hergeholt ist, wenngleich das Gefühl nicht sehr förderlich ist.

Das folgende Beispiel von Walter zeigt eine Möglichkeit von Energieraub auf.

Sie spielte sich in einer Familie ab, in der die Mutter in ihrer inneren Starre tief und fest glaubte, sie hätte ihre Kinder deshalb „gemacht", damit diese im Alter für sie sorgen und ihr alle Lasten abnehmen würden. Sie hatte sich dadurch entsprechende Energiefelder geschaffen, die sich tatsächlich in vollem Glauben, dass sich dies so gehöre, in das Energiefeld der Kinder und sogar der Enkel schoben, um Energie abzusaugen und diese der Mutter zu übertragen.

Doch es kam nicht nur zu einem Energieabzug, sondern auch sehr viel negative Energie vom Aura-Feld der Mutter, welches sich durch die Unmenge ihrer negativen Gedanken und Emotionen immer wieder neu aufbaute, wurde auf den Nachwuchs übertragen, mit der Absicht, dieser sollte sie gefälligst aufräumen.

Ein derartiger geistiger Hintergrund wird oft durch Aussagen und Verhaltensweisen offenbar. Dann sollen die Kinder arbeiten, werden für dieses und jenes eingesetzt und der Verursacher selbst zieht sich vom Aktivitätsfeld immer mehr zurück. Nicht selten werden solche Energieräuber und Müllentlader von negativen Wesenheiten besetzt, welche die Situation nochmals extrem erschweren und sehr viel Negativität verbreiten.

Auch glauben manche Menschen, Freundschaften seien dazu da, um Probleme und negative Energien abzuladen. Stets wird dann in Gesprächen und Treffen von den eigenen Problemen geredet, ohne auch den anderen anzuhören und ihm zu helfen. Es geht ausschließlich um die eigenen Probleme, und mit Jammern und Stöhnen wird die Schwere des Lebens beklagt. Mit solchen Menschen ist der Umgang extrem anstrengend, da auch sie sehr viel Energie abziehen.

Mit der Zeit kann man dann im eigenen Inneren große Widerstände spüren, die weiterführend ebenfalls Energie kosten; denn der Ärger frisst weitere Kräfte auf. Doch in solch einem Fall kann man sich als Freundin oder Freund zurückziehen. Schwere Zeiten macht jeder durch, doch wenn es nur noch um den persönlichen Egoismus geht, kann das kein gerechter Austausch mehr sein. Ein „energetischer Mülleimer" muss niemand sein. Das hat auch mit Nächstenliebe nichts zu tun, denn solch ein „Müll-Ablader" will sich im Allgemeinen gar nicht verändern, sondern so weitermachen wie bisher. Zumal es ihm dann ja wieder besser geht und er in seinem Sumpf fröhlich weiterleben kann.

Das folgende Gebet vermag in Situationen Schutz zu bieten, denen man sich nicht entziehen kann.

ENERGETISCHES SCHUTZGEBET

Höchste Schutzkraft und vollkommene Liebe,

mit allen Fasern unseres Seins bitten wir um Deinen Schutz.

Bitte lasse Deine Liebeskraft stark aus meinem Inneren
strömen und meine Aura bis zum äußeren Rand in Deiner
Ordnung schützen.

Wenn wir einem Menschen aus geistiger Sicht helfen sollen,
sind wir gerne bereit und bitten Dich voller Liebe, uns dafür
die nötige Energie zu schenken.
Doch wenn aus niederen Motiven unser Energiefeld
ausgeraubt werden soll, bitten wir Dich von ganzem Herzen
um Deinen vollkommenen Schutz.

Bitte lasse alles Fremde abprallen und verhindere den Energie-
Raub.
Mögen diese Menschen ihren falschen Weg erkennen.
Wir bitten Dich, ihnen alle Tore für diese Wandlung zu öffnen.

Wir bitten Dich um Deinen Segen und wünschen uns für uns
selbst die notwendigen Erkenntnisse, damit wir in großen
Schritten Deiner Liebe entgegeneilen können.

Wir fühlen Deinen Schutz und spüren Deine Nähe.
Von Herzen danken wir Dir dafür.

35.

AURA-SCHUTZ BEI SCHWÄCHE UND ERSCHÖPFUNG

Schwäche und Erschöpfung sind sicher zwei zentrale Themen, welche die Menschen zurzeit häufig beschäftigen. Vielleicht geht es Ihnen wie vielen, dass Sie sich total ausgelaugt und erschöpft fühlen? Sie glauben, bis in die letzte Faser ohne Energie zu sein? Sie wünschen sich einfach nur, ausschlafen zu können oder Ruhe und Frieden zu genießen.

Folgende Hintergründe können dafür verantwortlich sein, die hintereinander oder auch abwechselnd als Ursachen auftreten können. Die einen sind vorteilhaft, die anderen einfach nur anstrengend, und doch gehören sie im momentanen Wandel, der sich *auf* unserer Erde und *mit ihr* vollzieht, dazu. Die nachstehenden Möglichkeiten sind nur ein Auszug, doch im Großen und Ganzen können viele derartige Geschehnisse in eine der Kategorien eingegliedert werden.

O Es können persönliche karmische Altlasten verarbeitet werden.
O Es können sich sogenannte „Lebensreste" auflösen, welche rein energetisch abgetragen werden müssen und viel Energie kosten.
O Wichtige Erkenntnisse können sich ins Tagesbewusstsein schieben und alte Vorstellungen sprengen.

○ Die Anhaftung an kollektive Felder kann sich lösen.

○ Der persönliche Einsatz ist gefordert, um mitzuhelfen, globale Schwingungen aufzulösen oder auch uralte kollektive Prägungen zu löschen.

○ Die Zellebene des Körpers befindet sich im Wandel, und die Umstrukturierung kostet Energie.

○ Neue Impulse für das Körper-Bewusstsein können eingespeist werden, was gleichzeitig zur Ablösung alter Strukturen führt.

○ Die Körperebene bietet noch Widerstände oder unbewusste Ängste, um mit den höheren Energien konstruktiv umzugehen, denen sich der Mensch zurzeit öffnet.

○ Es können sich fremde Gedanken oder Emotionen angelagert haben, die nun mit Hilfe der geistigen Führung abgebaut werden.

○ „Verstorbene", die sich noch auf der erdnahen Ebene befinden, fühlen den nahenden Wandel, wissen in ihrer Verwirrtheit nicht „wohin" und haben sich deshalb an einen „Helfer" gehängt.

○ Familien-Karma wird zur Verarbeitung gedrängt und versucht mit letzter Kraft, seine Nachkommen in die alten Energiefelder zu pressen.

○ Persönliche Mithilfe an globalen Feldern, die in gemeinsamem Wirken mit anderen Menschen und der geistigen Führung auf die Veränderung vorbereitet werden.

○ Kollektive Felder leisten noch erbitterten Widerstand und wollen ihre alten „Angehörigen" aktivieren.

Viele dieser Vorgänge sind aktive Arbeiten und die Mithilfe am bestehenden Wandel, andere wiederum das Resultat von blockierenden Gedanken und verhärteten Emotionen, sowohl persönlicher als auch kollektiver Natur. Doch alle diese Veränderungen sind deutliche Hinweise auf den bevorstehenden Wandel und durchwegs positiv zu betrachten. Wir befinden uns zurzeit in einem zwar anstrengenden, aber äußerst wichtigen energetischen Wechsel fast aller bestehenden astralen und mentalen Energieformen. Noch nie dagewesene Gefühlswahrnehmungen können den Menschen kurzzeitig verwirren, doch der tiefe Glaube und das Wissen, dass die geistige Führung stets mit uns ist, wird hier viel Vertrauen und Frieden schaffen.

Lassen Sie sich einfach führen, nehmen Sie die Veränderungen an und seien Sie sicher, dass die geistige Führung und Ihre ganz persönlichen Helfer alles in Ihrer Macht stehende unternehmen, um Ihnen intensiv beizustehen, damit Sie so lichtvoll und liebevoll wie möglich durch diesen Wandel schreiten können.

Auch wenn man mitunter nicht nachvollziehen kann, was gerade geschieht, wehren Sie sich nicht, sondern vertrauen Sie. Die geistige Welt wird Sie führen.

Das folgende Gebet kann in Zeiten von Schwäche und Erschöpfung mithelfen, die mitunter aufkeimenden Sorgen und Zweifel im Licht der Liebe aufzulösen.

GEBET FÜR DEN ZEITENWANDEL

Höchste Schöpferkraft,

aus tiefstem Herzen lege ich mein ganzes Sein in Deine Hände.
Bitte führe und leite mich in diesen Zeiten des Wandels.

Ich fühle, dass Du stets mit mir bist,
voller Hingabe nehme ich die Hilfe Deiner Lichtwesen an,
und im tiefen Vertrauen weiß ich, dass Deine Weisheit alles
Geschehen lenkt.

Bitte unterstütze lichtvoll meinen Körper und schenke ihm
Kraft und Frieden, damit er die Stunden von Schwäche und
Erschöpfung gut meistern kann.
Von ganzem Herzen bitte ich Dich, meinen Körper, meine
Seele und meinen Geist vor allem Dunklen zu behüten, damit
Verarbeitung und Loslösung ebenso stattfinden kann wie
Mithilfe, wenn sie vonnöten ist.

Bitte lasse Deinen Segen mein ganzes Sein durchfluten, damit
ich Zuversicht und Hingabe fühlen kann und kraftvoll Deine
Liebe und Deinen Willen in mir trage, die mein ganzes Dasein
erfüllen.

Von ganzem Herzen danke ich Dir für Deinen Segen und
Deine Gnade und weiß, dass Du stets mit mir bist.

36.

SCHLUSSWORT

Vielleicht sind durch dieses Buch einige Situationen des Lebens deutlicher geworden, die zuvor in diesem Blickwinkel noch nicht betrachtet worden sind. Doch neben all den Schilderungen, welche die dunklen Seiten beleuchten mussten, dürfen wir uns der Nähe und Liebe Gottes stets bewusst sein. Die Hinweise und Informationen in diesem Buch sollen dazu dienen, freier zu werden, damit wir stets im Schutz des Höchsten leben können und uns in seiner Strahlkraft befinden, in der sich keine dunkle Energie mehr aufhalten kann.

Es ist die von uns selbst erschaffene Welt des Eigenwillens, in der wir noch lernen können, uns von alten Bindungen abzulösen. Das Gebet öffnet die Pforten für die Hilfe aus der Geistigen Welt, die genutzt werden können, wenn man bereit ist.

Manche Menschen benötigen keine vorgefertigten Worte, sie können allein über ihr Gefühl und ihre Wahrnehmung den Schutz der höheren Kräfte erbitten und zulassen. Sie finden dafür ihre ganz eigenen Worte. Doch für viele Menschen können die Gebete, die in diesem Buch in Harmonie mit der höheren Führung empfangen und aufgeschrieben worden sind, eine gute Möglichkeit bieten, sich diesen Quellen der Liebe zu öffnen.

Jedes Gebet führt seine ihm eigene Schwingung für die jeweilige Situation und öffnet den Engeln und Lichtwesen die Tore für ihre Hilfe.

Möge der Segen und der Schutz des Höchsten stets mit uns allen sein.

Die eigene Aura bewusst schützen
Selbstschutz durch Geisteskraft

Meditationen und Gebete, die auf einfache, aber wirkungsvolle Weise die menschliche Aura zu schützen vermögen. Ein wirksamer Schutz für schwierige und kraftraubende Situationen des Alltags.

CD Aura-Schutz im Alltag
Gebete und Meditationen
Gesprochen von Manuela Oetinger
mit Musik von Sandelan untermalt
ISBN 978-3-89427-473-3